商业新闻出版公司和轻松读文化事业有限公司提供内容支持

德鲁克管理精要

轻松读大师项目部 编

中国盲文出版社

图书在版编目（CIP）数据

德鲁克管理精要：大字版 / 轻松读大师项目部编. —北京：中国盲文出版社，2017.7

ISBN 978-7-5002-7961-7

Ⅰ. ①德… Ⅱ. ①轻… Ⅲ. ①德鲁克（Drucker, Peter Ferdinand 1909-2005）—管理学—通俗读物 Ⅳ. ① C93-49

中国版本图书馆 CIP 数据核字（2017）第 147146 号

本书由轻松读文化事业有限公司授权出版

德鲁克管理精要

编　　者：轻松读大师项目部
出版发行：中国盲文出版社
社　　址：北京市西城区太平街甲 6 号
邮政编码：100050
印　　刷：北京汇林印务有限公司
经　　销：新华书店
开　　本：787 × 1092　1/16
字　　数：70 千字
印　　张：11
版　　次：2017 年 7 月第 1 版　2017 年 7 月第 1 次印刷
书　　号：ISBN 978-7-5002-7961-7/C · 117
定　　价：39.00 元
销售热线：（010）83190289　83190292　83190297

出版前言

数字文明为我们求知问道、拓展格局带来空前便利，同时也使我们深受信息过剩、知识爆炸的困扰。面对海量信息，闭目塞听、望洋兴叹固非良策，不分主次、照单全收更无可能。时代快速变化，竞争不断升级，要想克服本领恐慌，防止无知而盲、少知而迷，需尽可能将主流社会的最新智力成果内化于心、外化于行，如此才能更好地顺应时代，提高成功概率。为使读者精准快速地把握分散在万千书卷中的新理念、新策略、新创意、新方法，我们组织编写了这套《好书精读丛书》。

这套书旨在帮助读者提高阅读质量和效率。我们依托海内外相关知识服务机构十多年的持续积累，博观约取，从经济管理、创业创新、投资理财、营销创意、人际沟通、名企分析等方面选取数百种与时俱进又经世致用的好书分类整合，凝练出版。它们或传播现代经管新知，或讲授实用营销技巧，或聚焦创新创业，或分析成功者要素组合，真知云集，灼见荟萃。期待这些凝聚着当代经济社会管理创新创意亮点的好书，能为提升您的学识见解和能力建设提供优质有效便捷的阅读资源。

聚焦对最新知识的深度加工和闪光点提炼是这套书的突出特点。每本书集中解读4种主题相关的代表性好书，以“要点整理”“5分钟摘要”“主题看板”“关键词解读”“轻松读大师”等栏目精炼呈现各书核心观点，崇真尚实，化繁为简，您可利用各种碎片化时间在赏心悦目中取其精髓。常读常新，明辨笃行，您一定会悟得更深更透，做得更好更快。

好书不厌百回读，熟读深思子自知。作为精准知识服务的一次尝试，我们期待能帮您开启高效率的阅读。让我们一起成长和超越！

目 录

创新从来不是想出更好的微软，从来不是！真正的创新是从无到有，而不是让现有产品更上一层楼。正如乔布斯所说："企业的生存之道，在于如何让创新在企业内存活。"如果不了解创新的本质，又怕输在竞技场上，那你很可能会让自己陷入残酷的饥饿游戏。你一定要想出全新的方式，走自己的路，专心致力于从无到有的创新方式，这才是人类未来真正的挑战与希望。

“假如世界上当真有所谓的‘大师中的大师’，那么那个人的名字必定是彼得·德鲁克。”他一生中从未间断过著书和授课。在94岁高龄时，他仍坚持完成了第35部著作。如何像他一样洞彻世界经济现象背后的深层规律，把“管理”从“企业经营概念”的定义中独立出来，让它成为一门更贴近自身的科学？让我们一起走进这位“时代的思考者”的思想深处。

埋头开发新产品是对的，但更重要的是了解顾客的需求。顾客开发与产品开发恰如一枚硬币的两面。如果只懂开发产品却不懂开发顾客，就代表你很可能在冒险制造没人想买的东西。而顾客开发让你从内心产生改变，积极寻找自己想法上的漏洞，证明自己的错误，推翻自己的假设，从而赢取商业上的成功，开发出真正伟大而一流的产品。

分析决胜负 ……………………………… 133

少数人再也不能包打天下！要想成为业界高手，公司必须转型成分析型组织。过去那种搜集与储存大量资料然后提出笼统报告的方式，再也满足不了新型企业的要求。要想从数据中得到真知灼见，要想建立起自己的竞争优势，秘密武器就是——“分析”。竞争的3大要素：高效执行、聪明决策以及从业务流程中萃取最大价值，都可以通过分析实现。

斯坦福创业笔记

Zero to One

Notes on Startups or How to Build the Future

原著作者简介

彼得·泰尔（Peter Thiel），创业家与投资人。1998年成立PayPal，2002年公司上市时担任公司CEO。他也是其他数十家科技新创公司的早期投资者，创投公司“创办人基金”的经营合伙人，此外还投资了SpaceX、Airbnb及其他许多新创公司。他管理自己的基金会，鼓励科技创新与未来的长期思考。他毕业于美国斯坦福大学。

布莱克·马斯特斯（Blake Masters），法律研究科技新创公司Judicata共同创始人，毕业于斯坦福大学与杜克大学。

本文编译：许恬宁

主要内容

创新和你想的不一样

今日的很多企业都认为，创新的本质就是想出更好的脸书、更好的微软或是最佳化原有的业务线。但那都不是创新。真正的创新意味着从无到有——创造出从来没有人见过、全新而且可能有点奇怪的东西。

乔布斯曾经说过："企业的生存之道在于如何让创新在企业内存活。"创新如此重要，以至于企业无论大小都很自然地时时把创新挂在嘴边，生怕自己错过这场生存战。然而我们真的懂得创新的含义吗？当你我脑袋里仍旧是既有思维，嘴里讲的仍是过去如何如何的历史经验时，我们真能变出新把戏吗？

硅谷传奇创业家、PayPal 创办人彼得·泰尔认为，要想以创新者身份在未来胜出，就绝对不能再模仿或改进已经有人做过的事。要想出全新方式走自己的路，专心致力于从无到有的创新，那才是人类未来的真正希望。

创新是 0 到 1，不是 1 到 n

本章英文名 *Zero to One* 道尽了创新的真义，然而就如人们所说：下一个比尔·盖茨不会建立操作系统，下一个拉里·佩奇或谢尔盖·布林不会做搜索引擎，下一个扎克伯格不会做社交网站。如果想复制这些人，那么你就不会从他们身上学到任何东西。

做已经知道的事会让这个世界从有变多（1 到 n），这是锦上添花。而创造出新东西却是从无到有（0 到 1）。作者认为，除非美国企业能投入巨大的努力来创造新东西，否则不论它们今日多么赚钱，未来终将一败涂地。

竞争让人执着于不存在的机会

企业往往花太多力气来参与“模仿大赛”，

每个行业都是如此。以 20 世纪 90 年代网上宠物商店为例，当时占领市场的是 Pet.com、PetStore.com、Petopia.com 以及其他数十家看起来一模一样的厂商。

每一家公司都执着于打败对手。因为没有其他可以专注的重大差异，它们只好比赛谁能以最强有力的手法替耐咬的狗玩具定价或者做最好的超级杯广告。这些公司完全看不出网上宠物商店市场是否是正确的战场。结果在网络公司泡沫破灭后，Pets.com 发现其筹得的 3 亿美元投资化为乌有。

在竞技场上，获胜当然比落败好。另一方面，如果战争不值得打，那么每一个人就都是输家。如果不明了创新的本质，又怕输在竞技场上，则很可能会让自己陷入残酷的饥饿游戏。逃离竞争，靠着替顾客解决独特问题建立垄断事业，是企业最好的生存之道。这是泰尔在斯坦福大学课堂上给创业者的建议，也是给你我的忠告。

一　真正的挑战

新创事业的核心就是质疑传统观念并且从头思考商业的本质。除此之外没有任何方式能从无到有地创造出一个新产业。

每个人都希望在未来能有所进步。当然，进步有两种不同形式：

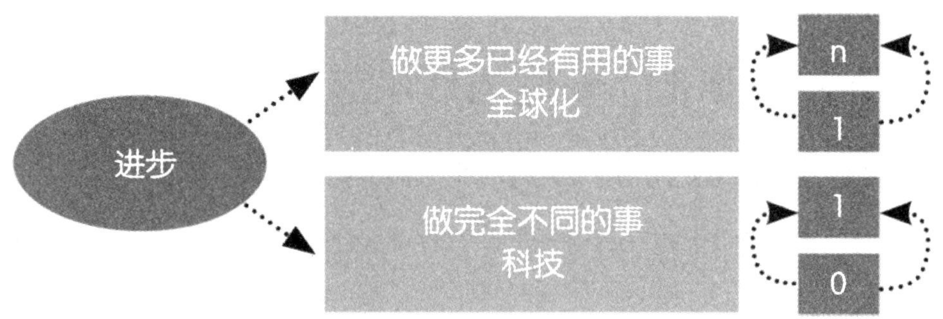

一是全球化——让已经在一个地方成功的做法，变得到处通用——水平式的进步。科技则是

垂直式的进步，是用更新更好的方式去做不一样或新奇的事。

大多数人以为全球化是未来这个世界的主要驱动力，但那并不正确。科技更重要。未来的关键挑战是研发新科技来帮助每一个人。缺乏新科技，全球化将难以为继。

新科技永远来自新创事业，而不是旧有企业。大型组织难以研发新东西，因为其存在大量的惯性行为，以至于无法优化现行的做法。新创事业没有这样的限制，可以用不同的方式来思考。要研发某种新科技，就必须有一家新创事业，规模大到足以完成任务，但又要小到可以带头直奔新方向。

20 世纪 90 年代是通过全球化而不是科技创新来追求成长的绝佳例子。那 10 年的特色是商业化的互联网来临，网络公司暴增。最后则是不可避免的网络公司泡沫化。

网络公司溃灭带来的 4 个重大教训，至今依旧警示着许多企业的思考者：

（1）你最好打安全牌，做渐进式的改善，而不要大胆向前去做可能改变世界的事。

（2）企业应该保持精简且富有弹性，这样你就可以做一些尝试，通过反复修正获得成功，而不要仅仅拟定然后执行计划。

（3）你应该靠改善最成功竞争者的产品与服务来占领既有市场，而不要试着创造新市场。

（4）打造会自我推销的病毒式产品。如果产品需要营销，那么表示它还不够好。

如果仔细想一想，你可能会同意以下更适合今日情况的观念：

◎最好大胆追求事物，不要困在琐事里。

◎即使有个后来需要更改的烂计划，也比完全没有计划好。

◎竞争市场永远会摧毁利润。

◎销售和产品一样重要。

二　建立垄断事业

所有新创事业的真正目标都是靠着替顾客解决独特问题来建立垄断事业，最终成为成功企业。你必须想出超越竞争者的方法。

思考新创事业时，你应该问自己：

目前还有哪种珍贵的企业还没人创立？

要为新创事业注入活力，就必须利用能替你取得价值的商业模式来为顾客创造价值。要做到这点，就必须开创一个全新的事业，把自己的业务做到最好，没有其他任何人可以取代。

人们可能喜欢竞争，并且对于竞争以及处于竞争市场抱有浪漫的想法。然而残酷的现实是，处于完全竞争状态时，所有的利润都会被抢光。你不得不奋力生存，挤出你能挤出的每一分投入。处于竞争市场的公司太忙于追逐今日的利润，从而无法投资长期计划。相较之下，垄断者则有余裕来思考其他事情。

商界诋毁垄断者的主要原因是它能够靠着向顾客收取超过市场价值的金额来获得巨额利润。然而那样的情形只出现在一切都不会改变的静止世界中。在今日的动态世界里，人们有可能投资更好的新东西，给客户带来更多选择。从这个角度来看，具有创意的垄断者显然对社会有益，是让社会变得更加美好的强大引擎。新型垄断事业的好例子有：

◎在20世纪60年代，IBM在电脑产业中垄断着硬件的生产。

◎随着个人电脑的推出，微软出现了，并因其性能优越的操作系统而享受了数十年的软件垄断。

◎随移动设备兴起，苹果的iOS崭露头角，受到手机软件制造商支持。

关键思维

如果你想创造并获得持久的价值，就不要建立没有差异性的产品业务。

——彼得·泰尔

如果垄断事业会阻挠进步并最终带来危险，那么我们应该反对它。然而实际上，进步的历史就是更好的垄断企业取代现任者的历史。垄断能带来进步，因为数年甚至数十年的潜在垄断利益能够提供强大的创新动机。

——彼得·泰尔

显然政府也懂得这一道理。政府的一个部门努力制造垄断（通过授予新发明专利），另一个却围剿垄断事业（通过反托拉斯的起诉案件）。我们有时都想问，为什么有的公司就只因为第一个想出那样的东西，便能拿到法律保障的独家贩卖权？事实上，如果所做的事能促进繁荣，那么企业就应该得到奖励，那也正是每一个新创事业的终极目标。

——彼得·泰尔

三　竞争的吸引力

多数人相信竞争是好事，垄断是不对的。但真相是竞争愈激烈，利润愈少。现在正是该反省的时候了。

社会充斥着竞争思维。这个世界执着于竞争，每个人都赞扬竞争的好处。唯一的问题是，一旦进入竞争轨道，你最终一定会被困住。

微软与谷歌是绝佳的例子。处于新创事业模式时，两家公司都开心地做着自己的事，靠自己的能力一枝独秀。微软打造操作系统与办公应用程序，谷歌则研发搜索引擎。两者业务没有任何交叉之处。

然而两家公司成长后，就开始把注意力放在对方身上，而不是努力替自己的客户创造更多价值。结果出现一系列的“战争”：

◎ Windows 对上 Chrome OS。

◎ Bing 对上 Google Search。

◎ Internet Explorer 对上 Chrome。

◎ Office 对上 Docs。

◎ Surface 对上 Nexus。

谷歌和微软互斗时，苹果的业务超过了这两家公司。2013 年 1 月，苹果市值超过 5000 亿美元，而微软与谷歌加在一起才值 4760 亿美元。这是很明显的对照。不过在 3 年前，微软与谷歌各自的市值就都超过苹果。战争永远代价巨大。

今日大部分的新创事业都在参与“模仿大赛”——一味模仿其他人在做的事，而不是试图做出真正的创新。各行各业中都能看到这种现象。举例来说，想一想最近到处都看得到的移动信用卡读卡机（POS 机）：

◎ 2010 年 10 月，一家叫 Square 的新创公司推出一个小巧的白色方形装置，可以插进智能

手机中，让使用者可以进行刷卡操作。

◎很快，一家叫 NetSecure 的加拿大公司推出自家装置，是半月形而非方形。

◎ Intuit 也推出自己的版本，功能一样，但是圆筒状。

◎ 2012 年 3 月，PayPal 推出自己的读卡机，形状是颇有创意的三角形。

科技世界充满各式各样的个人恩怨与较劲，超乎人们想象。当然，有时候合并比竞争更合理。PayPal 在 1999 年年底便碰上那种情形：它与伊隆·马斯克的 X.com 激烈厮杀，抢夺网上支付程序的霸主地位。针锋相对的结果可能是在赢家登上王位之前，金融危机就先毁掉了两家公司。对此，两家公司宣布停战，达成各占一半的合并协议。因此合并后的新公司才有能力撑过网络公司的溃灭浪潮。

四　后发先至

每个人都在吹捧先驱者的优势，但那优势顶多是一时的事。率先行动是战略而非目标。往往是最后行动的人享受多年垄断利润，真正赚到钱。

推特2013年上市时价值240亿美元——是纽约时报公司市值的12倍。然而2012年时，纽约时报赚了1.33亿美元，推特却在亏钱。1年时间怎么就会变成这样呢？

答案是现金流——未来现金流现值。大家都知道，推特这样的科技公司一开始会先亏损，规模扩大后就会赚大钱。投资者了解这点，并将此纳入科技公司的市值。

这种情况的合理连动效应是，以科技为主的

新创事业必须成长并且坚持到公司价值快速飙升的日子。许多创业者就是没看到这一点，反而专注于短期成长——长期营收才是真正重要的事。

那些因为具有垄断地位而得以在未来拥有庞大现金流的公司会是什么模样呢？它们一般具有以下特点：

（1）拥有某种难以复制或是理论上无法复制的专利科技。

（2）网络效应——有愈多人使用，就会愈有用、愈有价值。

（3）规模经济——公司愈大就会愈强。

（4）拥有一个强大且众所周知的品牌。

要建立未来将有可观现金流的垄断事业，你的策略应该是这样：

（1）从小市场做起——你完全支配与独占的市场。服务 1000 个真正需要你的人，胜过试图抢占数百万人的注意力。

（2）扩大规模——一旦支配了某个利基市场，

就马上延伸到相关甚至更广的市场。亚马逊从在网络上卖书起家，在主宰利基市场后，就扩展到其他产品。

（3）不要搞破坏——不要引进非常低价的低层产品。PayPal 并未试图挑战信用卡公司——PayPal 扩展网上支付市场，甚至带来更多的信用卡业务。

关键思维

成长很容易计算，持续成长能力则不然。屈服于数字的人，斤斤计较每周的活跃使用者统计、每月的营收目标以及每季的营收报告。虽然你能达到那些数字，但依然有可能忽视深层的、难以用数字计算的、威胁公司未来的问题。如果只专注于短期成长并把那些看得比什么都重要，那么你可能错过应该问的重要问题：10 年后这家公司还会在吗？数字无法告诉你答案。

——彼得·泰尔

五　幂次法则

不论你是否意识到，我们全都活在幂次法则的世界里，少数人总是能彻底超越所有对手。这是宇宙的通则，适用于新创事业的每个方面。

经济学家维弗雷多·帕雷托于1906年发表“帕雷托法则”，或称“80／20法则”和“幂次法则”。他以为那只适用于意大利的地主情形，然而这个一小群人（20%）会达成明显结果（80%）的概念却是宇宙法则，适用于你眼前的一切。以创投业为例，大家都知道投资组合有以下现象（图见下页）：

帕雷托法则绝对适用于创投及其他投资。当然，这个法则也适用于新创事业。开创一项新事业时，你自己也会变成一个投资者。你至少是把

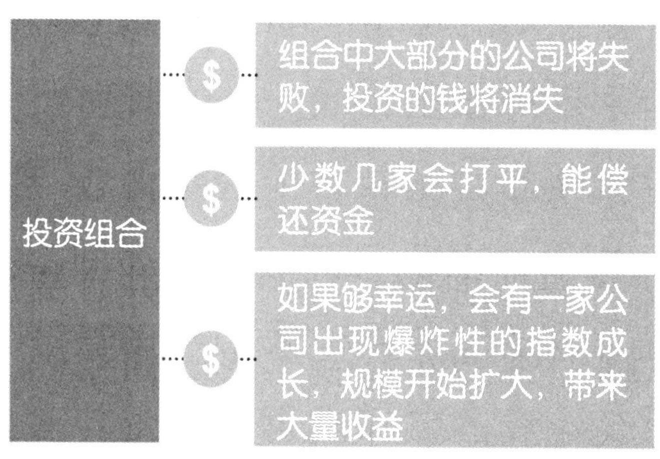

自己的时间与金钱投资在自己的公司里，而不是替别人做事。你必须专注的关键问题是如何让自己的新创事业成功，让公司在未来具有价值。

明确来说，了解了幂次法则后，你必须替你的新创事业问两个问题：

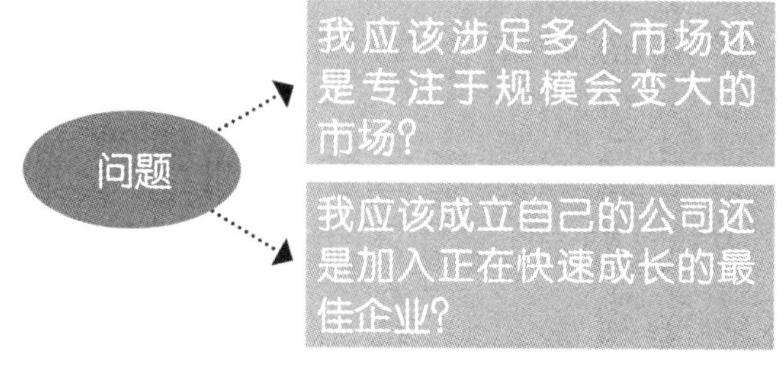

◎新创事业永远会面对诱惑，企图替很多市场研发产品，看看哪些会受欢迎而哪些不会。多元化常被视为在替未来避险。然而幂次法则说，某单一市场大概会胜过其他所有市场的总和。如果能尽早找出最佳市场，投入所有资源，把你在其中的足迹放到最大，你的公司就会一飞冲天。

◎即使你非常有才华，也不一定意味着你应该自己开公司。如果能在最佳企业进入快速成长期时加入，你可能会更成功。

关键思维

幂次法则意味着不同公司之间的差异将大过公司内角色的不同。如果完全投资自己的公司，你将拥有 100% 的股票，但如果公司失败，你将一无所有。相较之下，0.01% 的谷歌却价值连城。

——彼得·泰尔

六　秘密的作用

要在目前还没有任何人涉足的领域建功立业，秘密是关键。你必须思考并且努力找出它们，从而让自己成就出出类拔萃的新创事业。

社会大众大多认为，现在已经没有什么尚未挖掘的重大领域。人们会得出这种结论的理由很简单，也很容易说明：

（1）地球上已经没有什么尚未被探索过或是人造卫星不曾覆盖的地方。父母再也不会真心期待自己的孩子长大后成为探险家。

（2）渐进主义盛行。每一个人从很小的时候起就被教导做事要一步一步来，要循规蹈矩，不要胡来。

然而从新创事业的角度来说，世界上还有许

多未知领域等着人挖掘。某些秘密就在触手可及的地方：

◎找出治疗癌症的方法。

◎提出生产自由能源的新方法。

◎发明更好、更快的运输方式。

大量成功的新创事业甚至正在努力想出更好的方法来利用尚未被开发的空闲产能。它们将找出新的秘密，以少做多。如果能为新创事业打下正确的基础，你将有可能找出更珍贵的秘密。

要替新创事业建立稳固基础，主要工作是让3种要素正确结合：

◎拥有权——法律上拥有公司产权、提供资本并将因随之而来的结果而获利的人。

◎经营权——实际上管理公司运营的人。

◎掌控权——支配公司事务、拟定公司未来道路的人。

一个新创事业如果要创造出具有价值的新事物，从一开始就必须让这3种要素正确结合。如果在成立时这3要素就乱成一团，公司接下来就不会稳固。

关键思维

今天每一个广为人知的点子都曾经默默无闻。目前还有哪种珍贵的领域无人涉足？每个正确答案都是一个秘密：某种重要但不为人知的东西，某种困难但做得到的东西。如果这个世界尚有许多秘密等待挖掘，也就还有许多可能改变世界的公司等着人们去开创。

——彼得·泰尔

身为创始人，你的首要工作就是弄对第一件事，因为你无法在存在问题的基础上建立一家优秀的公司。我在考虑投资新创事业时会研究创始团队。技术能力以及互补的技能很重要，然而创始人之间的交情也同样重要。一起创业之前，创始人应该一起打拼过，否则他们就只是在掷骰子碰运气。

——彼得·泰尔

七　文化与销售

最佳的新创事业非常像宗教崇拜，在里头工作的人会专注于手头的事。此外，你还必须让营销与销售成为你的工作重点。

如果深入研究史上一些最成功的新创事业，你会惊奇地发现它们的狂热——有异常强烈的使命感。如果你正在做的事从没有人做过，那么它会比其他所有一切包括股票选择权，更能吸引到你需要的人。

在一个优秀的新创事业中，每个人都各不相同。换句话说，当一群人各自在做的事明显和别人不同时，新创事业就会有最好的效果。你需要有人负责把事情做到极致，好到没有其他人能够做到。召集一个全神贯注的团队，成员们仰赖彼此的能力，创造令人印象深刻的东西，这样你便能拥有强大的新创事业。

新创事业的诱人之处在于弄对某件重要的事，贡献可行的解决方案。执行改变世界的使命，你的公司文化自然会成长，不需任何外力引导。

话虽如此，多数新创事业却往往强烈贬低销售与营销的重要性。人们容易产生一种偏见，认为自己在做酷炫的事，而不是卖东西。工程师尤其容易有这种心态，以为只要做出的产品够酷，自然就会有销路。

销售与营销所做的事大多隐而不露，顾客不喜欢成为销售计划的目标，推销员也因此会称自己为“业务经理”、“业务开发专员”或“投资银行家”。尽管如此，所有新创事业中真正的超级明星依旧是那些知道自己在做什么的推销员。

推动一切的两个关键销售指标如下：

◎如果一个新顾客的终身价值超过 1000 万

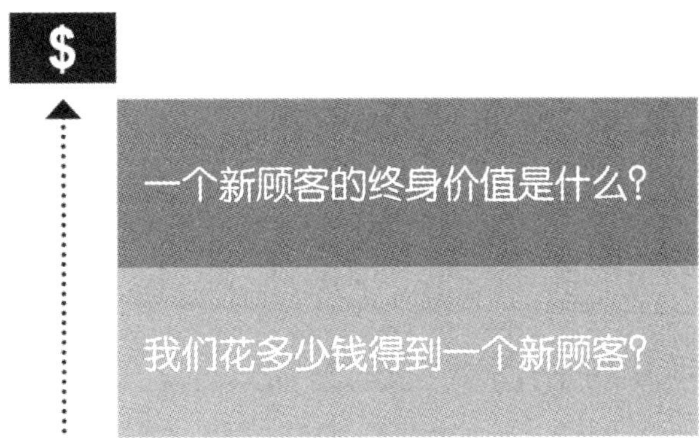

美元，你就不需要推销员。买家会直接和CEO交涉。

◎如果一个新顾客的终身价值为1万~10万美元，你需要的是个人销售团队，他们有卖东西给终端用户的工具。

◎如果产品售价大约是1000美元，你将陷入僵局——你负担不起销售团队，但传统广告也起不了作用。那是非常困难的价格点。

◎营销与广告对大家都喜欢的、价格低廉的物品会最有用。你可以在所有负担得起的渠道上做广告，向潜在买主推销。

◎幸运的话，你可能得到某种病毒式营销的

机会——产品的核心功能鼓励使用者将其推荐给自己的朋友。

根据幂次法则，对于新创事业产品而言，以上方法中的某一种，将比其他全部加起来还要强大。你的挑战是在钱烧光之前找出那个方法。看一看周围，如果看不到任何推销员，就该你上场了。

关键思维

最好把营销想成产品设计的基本元素。如果你发明了新东西却没有发明有效的销售方式，那么你的事业不会成功——不论产品有多好。不管你的产品有多好，即便它能轻松融入人们原本的习惯，而且所有试过的人都会马上喜欢上它，你仍旧得用强大的营销计划来支持它。

——彼得·泰尔

最重要的事是单独存在的：某个市场大概会好过其他所有市场。某个营销策略也通常会比其

他所有策略更优。时间与决策本身也遵循幂次法则——某些时刻的重要性远远超过其他时刻。在幂次法则的世界，你不得不努力思考你的行动将落在曲线何处。

——彼得·泰尔

八　人与电脑

接下来的数十年间，最具价值的企业创始人将是那些努力用更好的电脑带给人类力量的创业者以及拥有正确元素的人。那样的公司将起飞。

信息科技永远面对的一个问题是："机器是否将取代人类，人类是否将成为多余的东西？"现在起30年后人类还有事情可做吗？机器是否将处理一切事务？这个问题是建立在错误前提上的，真相是电脑将辅助人类，而不是取代人类。

电脑的确是通过利用那些愿意以低薪做重复性工作的劳工来支撑全球化。但是，电脑与人类也确实不同。电脑的优势是可以有效处理大量信息，然而却难以做出对人类来说很简单的基本判断。简单来讲，电脑是工具而不是敌人。

今日的电脑使用人机结合的方式来处理最棘手的事并大获全胜。举例来说，PayPal 曾在一个月内就因为信用卡诈骗而损失 1000 万美元。公司不可能逐一检查每一笔交易，于是 PayPal 研发出能对可疑交易发出警报的软件，然后由人工检查那些交易是否合法。人机结合运作良好，PayPal 得以获利。

今日的先进科技让很多专业人士能有更好的工作表现。用聪明方式利用人机结合的新创事业将会有更好表现。

对每个新创事业都必须问的 7 个问题是：

（1）你能否带来了突破性的科技，而不只是更上一层楼？

（2）现在是创立新创事业的正确时机吗？

（3）你是否正在从小市场的大市场占有率起步，而不是倒过来？

（4）你是否已经召集了正确的团队，或者你能召集到这样的团队吗？

（5）你是否有可行的方法，不但可以创造自己的产品，而且也能赢得良好的市场表现?

（6）你的市场定位在10年或20年后还能站得住脚吗?

（7）你是否找到了没有任何人看到的独特市场机会?

关键思维

未来最具价值的公司会问：电脑能帮助人类解决什么新的困难问题?电脑不只会做各种人类已经在做的事——它会帮助我们做以前想不到的事。

——彼得·泰尔

九　创始人的矛盾

成功的新创事业通常由不寻常的人建立。新创事业的领导者如果是独特的个人而不是可取代的经理，那么公司就会比较强大，同时风险也较大。

所有的创始人都是不寻常的人士吗？一般来说，新创事业通常由独特的个人创设，他们想让世界不同，他们也常常被人们形容为“不寻常”、“极端”或“不一样”。不论他们是否与众不同，大部分创始人都有一个共同的特质——同时拥有截然不同的特点。举例来说：

◎创始人通常同时是一个领域的内行人与外行人。他们通常拥有某个领域的丰富经历，但又愿意打破常规，做不一样的事。

◎新创事业的CEO可以穷到一块钱现金都拿不出来，但又是纸面上的百万富翁。

◎新创事业的CEO有时是彻头彻尾的混蛋，有时又拥有惊人魅力，是企业的传说。

◎高度成功的创始人可以同时引来好名声与坏名声，有时好坏参半。

这种情形的三个代表性创始人包括霍华德·休斯、比尔·盖茨以及史蒂夫·乔布斯。

◎休斯在30岁的时候就已经制作过9部成功的商业片，还创下最快飞行速度、最快的跨洲飞行、最快全球飞行的世界纪录。1946年他第三次坠机后，罹患强迫症，离群索居，变成人们惋惜的对象。

◎美国司法部在2000年6月否定了微软应该被拆分的法院方案。比尔·盖茨6个月前就已经辞去CEO职位，然而他却花了数年时间来应对前前后后的官司问题，而不是打造新科技。微软因而停滞不前，今日盖茨更为著名的身份是慈善

家而不是科技人士。

◎乔布斯 1985 年时被踢出自己的公司，因为他和他自己请进苹果的专业 CEO 发生了冲突。12 年后他重返苹果，毫无疑问地证明了新价值的创造永远无法被简化成专业经理人能运用的公式。靠着企业史上最伟大的卷土重来，乔布斯让苹果依从他的愿景，成为全世界最有价值的公司。

从宏观角度来看人类的未来时，大概有 4 种可能：

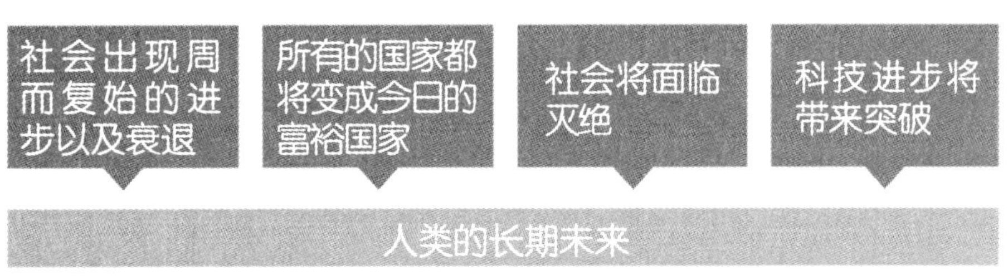

（1）古代哲人预料到历史上繁荣与毁灭的交替出现。今日我们大胆期望，未来将变得美好，不会出现大灾难，例如核战或全球性流行病。

（2）有的人相信世界将稳定发展，穷国将达到今日富国的水准。

（3）有的人认为，由于今日的相互联系以及现代武器的毁灭性力量，大规模的全球灾难将不可避免，人类这个物种将无法存活。

（4）有的人认为这个世界将加速走向更光明的未来，出现各式各样的突破。未来的世界将变得不同而且更美好。

这4种情形哪种最可能出现？我们很难想象如何运用今日拥有的知识避开周期性毁灭或绝种的未来。当然我们也很难想象当经济竞争面对某些实体资源的限制时，这个世界将如何实现持续发展。

只有第4个可能有道理——创造新科技，为每一个人带来更美好的未来。有的人称之为“技术奇异点”。这个可能面对的未来将在数十个领域中出现指数成长，人们尚且无法想象的优秀新科技将冒出头。

关键思维

企业学到的教训是我们需要创始人。事实上，我们应该更加容忍那些看似奇怪或极端的创始人，我们需要领导公司超越渐进式进步。创始人要记住的是，个人的一枝独秀与吹捧恭维，可能随时变成个人的恶名昭彰与妖魔化，所以要小心。

——彼得·泰尔

不论有多少趋势，未来都不会自己发生，要由我们来决定。我们不能认为未来自然而然就会变得更好，我们必须在今日就努力创造未来。今天的任务是找出独一无二的方法来创造新事物，让未来不只不同，还要更好——从无到有。第一步是替自己思考。唯有用新方式看世界，如同古人第一次看到世界时感到新鲜与奇怪，我们才能重新创造并保有这个世界。

——彼得·泰尔

德鲁克管理精要

The Essential Drucker

The Best ot Sixty Years
Writings on Management

原著作者简介

彼得·德鲁克（Peter Drucker），作家、教师、顾问、哲学家，现代管理学的开创者与奠基者，有“现代管理学之父”、“大师中的大师”之誉。其作品被译成30多种语言，遍布130多个国家。他拥有公共管理和国际法学博士学位，曾任报社记者、教师、《华尔街日报》主笔、纽约大学商学研究院教授、加州克莱蒙特研究院社会科学教授。因为在管理学界的卓越贡献，他在2002年获得当时美国总统布什颁发的总统自由勋章。

本文编译：乐为良

主要内容

值得一再学习的德鲁克

《经济学人》曾经这么说:“假如世界上当真有所谓的‘大师中的大师’，那么那个人的名字必定是彼得·德鲁克。”他提出的“分权”、“目标管理”、“知识工作者”、“后资本主义社会”、“利润中心”等重要管理概念，60年后依然历久弥新。

德鲁克本人一点都不喜欢大师的封号。他认为自己首先是一名作家兼老师，并且形容自己是一名“社会生态学家”。他希望能通过他的观察和分析，发掘人类自我组织和互动的方式。

1954年11月6日，德鲁克“发明”了管理学。他在那天出版的《彼得·德鲁克的管理圣经》(或译为《管理的实践》)，是“第一本”将管理视为一个整体的管理学书籍，奠定了他大师级的不朽地位。

德鲁克一生从未间断过著书和授课，在94岁高龄时，他仍坚持完成了他的第35部著作——《21世纪的管理挑战》。通用电气公司前CEO杰克·韦尔奇曾表示:“1981年，我整合通用公司时的第一个核心思想来自彼得·德鲁克。”微软创办人比尔·盖茨也对德鲁克推崇备至。今天许多大家习以为常的概念，如目标管理、顾客导向、企业愿景、扁平组织、后资本主义社会等，都是由德鲁克率先提出并定义的。但许多人最苦恼的却是不知从哪本书开始阅读德鲁克。

上田生是德鲁克长达30年的日文版著作翻译及编辑。他对日本管理学界有着杰出的贡献，德鲁克本人甚至觉得上田比他自己更熟悉这些著作。上田首先提出解决这个问题的办法。他开始重读德鲁克的全部著作，从中挑选出最适当的章节重新整合，从个人、管理和社会三个方面，汇

编成3册共计57章的套书。该套书2000年在日本发行时大获好评，后在世界各国相继出版。

在美国哈珀·柯林斯出版公司工作的卡斯·坎菲尔德同样担任德鲁克的编辑超过30年，他也觉得有必要把德鲁克60年来有关管理的著述撷取精华，汇编成人人可读的读本。与日本版的重点不同，为了符合广大读者的需求，美国版浓缩成一本共计26章的图书，完整介绍了管理学的基本原则、关注重点、问题、挑战和机会。这也正是本章的内容。

作为首位提出“管理学”概念的人，德鲁克是名副其实的引领时代的思考者：他早在20世纪50年代初期就预言电脑的重要性；60年代预见日本将崛起为经济大国；20年后，又是他首先警告说日本可能陷入停滞性通货膨胀；20世纪90年代，他再次率先阐释了“知识经济”这一概念。拥有如此卓越洞察力的德鲁克最出众、最可贵之处却在于他始终秉承人本主义哲学理念，充满深切的人文关怀。如果你仔细阅读，不难察觉德鲁克已经把“管理”从“企业经营概念”的定义中延伸开来，使之成为一种更广义、更贴近每个人的科学。

因此德鲁克的著作不只吸引了企业界人士。他的管理哲学还被许多人，特别是他提出并定义的“知识工作者”，奉为自我管理的圭臬。如果你不知道从哪本书开始阅读德鲁克或是想再重新学习德鲁克，那么就请从接下来的内容开始。

一　德鲁克谈管理

管理是为了人类而存在的，它可以提升人们的表现，让优点发挥效用，缺点变得无关紧要。

1. 做出正确的人事决策

要让员工的升迁与聘用决策更有成效，管理者应该：

（1）把职务彻底思考清楚——并了解职务要求的条件将随着时间演变。因此，要针对未来选择合适的人，而不是过去。

（2）从大量的可能人选中寻找——至少要有3~5个合格人选。

（3）寻找长处而不是弱点——你不能靠弱点来打造未来的绩效。

（4）与每位人选谈谈曾经与他们共事的同

事——看看他们是否有成为未来领袖和管理者的能力。

（5）花点时间充分说明工作内容，并在 3～4 个月后追踪情况——一名员工刚获得工作时做的事，与他上任 3 个月或更久之后要做的事肯定完全不同。

关键思维

高层主管会花许多时间管理员工，并且首重人事决策——理应如此。没有其他决策能造成同样持久且难以挽回的后果。没有好好努力从而不能做出正确人事决策的高层主管，要比绩效不彰的主管冒更大的风险。前者可能让组织颜面尽失。

——彼得·德鲁克

2. 所有公司都应该有新创企业的心态

企业管理者可根据以下几点来打造创业氛围：

（1）允许新事业独立于现有组织之外——投

注焦点和注意力。

（2）指定一位最高主管来支持新事业——以免新事业被人遗忘。

（3）以独特的方式进行财务分析——排除普遍适用于现有产品线的投资回报率分析。

（4）成立独立的管理团队——创新永远不会是负责运营和改进现有业务运作者优先考虑的事项。

（5）避免收购小型新创事业——原有的管理团队多半不会留下来。

（6）在现有的业务范围内寻求创新——善用既有的竞争优势、工作诀窍和专业技术。聪明的公司会在它已经熟悉的领域中创新。

关键思维

所有人都相信，大企业不会也不能创新。这个想法一点都不正确，它是一个错觉。规模大小不会构成创业和创新的阻碍，反而是现有的运营本身，尤其是目前成功的运营会阻碍创新。任何企业都能创业与创新，但它必须不断努力追求。创业与创新是可以学习的，但要付出努力。

——彼得·德鲁克

3. 企业是为创造顾客而存在

要成功创造顾客，企业必须在 8 个关键领域设定目标：

（1）营销——企业倾注全力，追求期望的市场占有率和定位的地方。

（2）创新——企业应该提供新产品或服务、创新市场、获取新技术以带给市场不同产品。

（3）人力资源——企业需要吸引和留住什么样的人才。

（4）财务资源——要用什么样的运营计划来吸引、组合和留住所需的资金。

（5）实体资源——要成功创造顾客，企业预期需要的条件。

（6）生产力——相较于同行业的其他企业，

企业应该如何运用土地、劳动力和资金。

（7）社会责任——让社会大众和经济环境认为公司是在生产必要的、有用的以及具生产力的东西。

（8）获利要求——预设必要的最低获利标准，据此来应对公司维持运营的可能风险。

关键思维

若问企业是什么，典型的商人很可能回答：“一个赚取利润的组织。”典型的经济学家可能也会给出同样的答案。但这个回答不仅错误，而且不切实际。要知道企业是什么，我们必须先从它的目的谈起。它的目的必须来自企业之外。事实上，它必须来自社会，因为企业是社会的一个器官。企业目的的有效定义只有一个：创造顾客。并且因为它的目的是创造顾客，所以企业有两个——也只有这两个基本功能：营销和创新。

——彼得·德鲁克

4.4个关键创业策略

4个可以采取的创业策略：

（1）要率先上市并主导新产业——这是多数管理者采取的创业方式。如果能开发出一些新产品，率先上市并保持领先地位，你就会得到很高的回报。但是这种策略的风险也很高。

（2）有创意地模仿他人正在做的事。这是利用他人的成功——做别人已经在做的事，并且做得比他更好，然后向他创造出来的市场提供服务。日本许多产业深谙此道。

（3）在一个小领域中取得垄断地位，然后收取通行费——掌控为了完成某个解决方案必定用得到的元素。通过这种方式，每个想参与这个市场的人就得付钱给你。这种地位可以凭借某项专业技能或进入某个专门市场的独家渠道建立起来。

（4）改变一项产品、市场或产业的经济结构——策略本身就是创新，基本的经济结构可以

改变，创造更多更新的顾客。实现的方式包括：

◎替客户创造更新更好的实用性。

◎卖刀片而不是卖剃须刀。

◎调整产品以符合顾客的实际需求。

◎提供更多顾客想要达成的事情。

关键思维

创业要有创业管理，也就是企业里的实务做法和政策。同样，在企业外部的市场上，也要有实务做法和政策——要拿出创业策略。

——彼得·德鲁克

规划利润有其必要性，但是要去规划必要的最低利润，而不是追求利润最大化。必要的最低获利很可能最后会变成高于许多公司获利目标的好交易，更别说这些公司的实际获利了。

——彼得·德鲁克

从顾客的实用性开始，针对顾客购买的内容，顾客遇到的实际情况以及顾客重视的东西——这就是营销涵盖的全部内容。但是为什么讲授营销40多年了，却很少有供应商愿意遵行？我也说不上来。到目前为止，事实依旧如此，凡是愿意以营销为策略基础者，总是有机会取得某个行业或市场的领导地位，不但快速且几乎没有风险。

——彼得·德鲁克

5. 管理的社会功能

管理真正成形是在第二次世界大战期间，当时盟军比德军生产出更多战争物资并将其成功运送至战场。从那时候起，管理的艺术和实践便从经济中脱颖而出。那么，管理到底是什么呢？

（1）为了人类而存在——把人类组织起来共同努力完成更多事情，从而使得个人弱点变得无关紧要。

（2）深植于一国文化之中——每个国家的管理者都在做同样的事，即使各地实现此一目的的手法大不相同。

（3）在组织内推动共同目标和共同价值——确保它们已被清楚阐明且被不断重复。

（4）促进企业或组织中成员的个人成长和发展。

（5）形成综效——具有不同技能的人携手合作，共享成果。

（6）评量与判断绩效——组织可依此持续改进。

（7）把企业内部的成本与企业外部的成果联结起来。

关键思维

在不到 150 年里，管理改变了世界发达国家的社会和经济结构。它建立起全球经济并创立新规范，对参与此经济模式的国家一视同仁。管理本身也经历了转型。可以肯定的是，管理的根本任务依旧保持不变：通过共同目标、共同价值、适当结构以及人们履行和应对变化所需的培训和发展，让大家一起达成绩效。即使管理绩效的主体结构已经从劳动型工人变成受过高等教育的知识工作者，这个任务的根本意义也还是没有改变。

——彼得·德鲁克

6. 管理的3个关键层面

管理有3个特定的任务或层面：

（1）设定组织的宗旨和使命——达成期望的经济和社会成果，合理运用它的资源。

（2）使工作有效率——整合适当的工作，并让组织内合适的人负起责任。

（3）妥善处理社会影响及社会责任——保证让组织给消费者提供他们需要并且愿意付钱的产品和服务。组织只有在提供了改善顾客生活品质的产品时才能做到这一点。

非营利事业——公共服务机构也一样，是社

会的器官。它的存在是为了满足特定的社会目的以及社会、社交媒体或个人的特定需要。它本身不是目的，而是手段。对它的正确提问不是“它是什么”，而是“它应该做什么以及它的任务是什么”。

——彼得·德鲁克

7. 向非营利组织学管理

那么，非营利组织究竟教了企业什么东西呢？

（1）热衷管理——它不以赚钱为目的，而是以使命和明确职责为目标。

（2）非营利组织有高效率的董事会——每年根据目标检视绩效，董事也要接受同样的考核（或淘汰）。

（3）以有意义的成果而非经济报酬为工作宗旨。

（4）擅长训练人员——会有新人持续补充

进来。

（5）开创对社交媒体的新认识——让人们成为地方社交媒体中的活跃成员。

关键思维

女童子军、红十字会、乡村教会——这些非营利组织正在成为美国的管理先驱。它们在策略和效率上正在挑战大多数美国企业。而在知识工作者的积极性和生产力这一关键领域上，它们是真正的先驱，制订出许多企业日后必将学习的政策和实务方法。

——彼得·德鲁克

8. 企业的社会责任

事实上，精明的主管视社会问题为挑战和商机。既能解决社会问题又能因此而获利的企业会备受推崇。历史上一些最成功的公司——包括福特公司和杜邦公司，都是社会的创新者，

它们成功地将社会变革化为创新，最终形成新的商机。它们不仅解决了社会问题，还创造了强大且充满活力的营利事业。

因此，企业应当承担起社会责任，成为解决方案的领导者。这不仅仅是为了顾客，同时也是为了社会大众。这应该是道德的工作，需获得社会民选领袖的支持。无论如何企业应该担负起自己应负的社会责任。

关键思维

社会责任——不论主体是企业、医院还是大学，只可能来自两方面。一是机构对社会的影响，二是社会本身的问题。两者都需要去关注，因为管理者所管理的机构要靠社会和社区存活。健康的企业、大学、医院不能在病态的社会中存活。尽管社会的病因并非管理所造成的，但健康的社会对管理本身是有益处的。

——彼得·德鲁克

管理知识工作者的生产力是美国管理领域的下一个重大挑战。非营利组织正在示范该怎么做。它需要有明确的使命、精心的安排以及持续学习和指导，以目标和自我控制、高标准的要求、相对的责任以及对绩效的成果评估来管理。

——彼得·德鲁克

9. 挑战企业的基本假设

管理学一直根据3个基本假设运作：

（1）只有企业的管理才是重要的——事实上，所有机构的管理都很重要。

（2）正确的组织结构只有一种——在实务上，组织结构应配合任务而变化。

（3）人事管理只有一种正确方法——真正的挑战是找到好方法去领导员工。

同样，管理实务一直依靠4个基本假设：

（1）技术、市场和终端用户肯定值得关注——真正该关注的是顾客价值和决策。

（2）管理的范畴是恒定的——实际上，管理应该是变动的，而非静止不动。

（3）管理关注内部——能影响绩效的一切环节都该被关注。

（4）经济因国界而定——管理应该关注的是运营而非政治。因此，管理者应定期检视运营下的理论框架和假设。

关键思维

关于现实的基本假设常常是基于管理学这类社会科学的理论框架之上的，由它来决定关注焦点是什么。这些假设尽管很重要，却很少有人对其进行分析、研究和质疑——事实上，甚至很少有人能讲清楚。对于社会科学如管理学这类学科，最重要的当然就是基本假设，尤其是当基本假设常常发生改变的时候。

——彼得·德鲁克

10. 管理者真正需要的信息

管理者真正需要什么样的信息呢？从本质上来说，他们要有下列工具才能检视自己的企业：

（1）资源的生成——组织不断把营业成本转换为收益。管理者必须从成本计算管理转为收益管理。

（2）经济价值链里的各个环节——成功的公司知道并且能管理整条价值链的成本，而不仅仅是公司的个别成本。

（3）获得社会认同的财富创造方式——到最后，企业的获利得看它创造了多少新财富，而不在于其控制成本的本领。

（4）外在环境的因素——机遇、威胁和成果皆来自外在环境。

重要的不是工具，而是工具背后的概念。这些概念把过去一直被视为基于个别目的所使用

的独立技术转化为整合性信息系统。通过这套系统，企业才能做企业诊断、企业策略和业务决策。这是对信息目的和意义的全新而激进的认识。我们的传统心态一直是认为企业就是要低买高卖。新的方法则是将企业视为增加价值和创造财富的组织。

——彼得·德鲁克

11. 目标管理的真正作用

在实践中，如果要有效管理，管理者就必须明确且详细地阐述企业的目标。这些目标需要详细说明每个管理者将要达成公司目标的方法。管理者也应该依其对实现组织目标所做的贡献来接受考核。

目标管理的真实优势是管理者可以控制自己的绩效。实际上，管理者通常靠自我控制来激励自身——靠他们想要胜出而不只是得过且过的渴望。被赋予目标之后，管理者便要靠自己来决定实现这些目标的最佳办法。他们通常视野开阔、热情十足。

报告、程序和形式是组织和管理企业的必要工具，但管理者必须不断重新思考和配置，确保它们是在帮助而不是阻碍达成业务目标。它们应该是管理的工具，而非衡量绩效的唯一标准。

关键思维

任何事业要想获得营收都必须建立一支真正的团队，将每个人的努力结合成共同努力。企业的每位成员贡献各有不同，但必须都朝向同一个目标。因此，经营绩效会要求每项工作都要朝向整体企业目标，特别是会要求每位管理者把工作都专注在整体的成功上。

——彼得·德鲁克

12. 新创事业的主要挑战

每个新创事业必然需要 4 样东西：

（1）市场焦点——充分利用市场出现的所有机会，即使与最早的期望有所不同。

（2）财务预测——预测、计划进而控制未来的现金流与资本需求，以应对企业的成长潜力。

（3）打造有能力的最高管理团队——一定要在新事业能自负盈亏之前达成，特别是在事业真正需要强大的管理团队前就做好这件事。管理团队必须拥有阵营坚强、独立运作的外部顾问。

（4）决定公司创办人的未来角色——如果创办人不愿在将来真正释放权责给其他人，新创公司的成长就会受限，最后甚至可能一败涂地。

关键思维

当然，新创公司有想法。它可能有一项产品或服务，甚至可能有销售额，而且有时数量还不少。它当然会有成本，也可能有会营收甚至获利。它所没有的是“企业”——一个可行的、能运作的、有组织的“存在”。在企业中，员工知道要往哪个方向走，知道该做什么事以及会有或该有什么结果。但是，除非一个新创公司发展成为新企业并确认其已“受到管理”，否则它就无法生存，无论它的创业点子有多聪明、吸引了多少钱、产品有多好抑或面对的需求有多大。

——彼得·德鲁克

二　德鲁克谈个人

你不能以严密或琐碎的方式来监督知识工作者——你只能协助他们。但是他们必须自我引导，追求绩效及贡献。

1. 企业沟通的本质

企业沟通的 4 大要素：

（1）认知——除非有人能够倾听，否则就没有沟通而只是噪音。

（2）预期——接收者只能听到或看到他们预期能够听到或看到的东西。

（3）带来需求——接收者做什么、相信什么或变成什么。

（4）和信息是不同的东西，尽管互相依存仍旧完全不同——信息讲求逻辑，而沟通则是要靠互相分享和理解。

关键思维

沟通要有共同的体验。沟通如果只是从“我”到“你”的单向过程，就不可能有任何效果。成功的沟通只会发生“我们”之间。组织中的沟通不是手段，而是模式。

——彼得·德鲁克

2. 企业领导的本质

如果不是魅力或人格特质的话，那么什么才是领导呢？

（1）是工作——设定目标、确定优先事项、做必要的权衡，然后确立达成目标时每个人都该坚守的“标准”。

（2）是责任——而不是阶层或特权。

（3）是为了获得信任——领导者必须有追随者，要有追随者则必须言行合一。

领导与“领袖气质”沾不上什么边，更与“魅力”无关。领导平凡、平淡且乏味，它的本质是绩效。领导本身并不见得好或人人想要，领导是一种手段。领导要达到的目的才是关键问题。

——彼得·德鲁克

3. 可以且必须学会运营绩效

知识工作者“做”的就是思考，其成效来自把所想的东西变成能给组织带来价值的成果。具体来说，知识工作者可以而且应该学会如何落实成效：

（1）控制时间的使用——而不是把时间浪费在一般的例行事务上。

（2）区分事情的轻重——把更多时间用于可大力促成最后结果的事情上。

（3）帮助组织其他员工贡献力量——相乘的

结果可以创造更多的好处。

（4）把组织内部进行的事（成本）与提供给顾客的成果（营收和获利）相互联系起来。

关键思维

做事有成效是知识工作者的责任，人们期望他们做好正确的事。智慧、想象和知识是主要资源，但只有成效能把资源转换成结果。能够达到怎样的成果，只有他们自己可以设定。

——彼得·德鲁克

4. 成效卓越的员工专注于贡献

对组织做出的重大贡献，通常来自3个领域：

（1）直接成果——增加销售、提高获利以及提供顾客愿意付钱购买的产品和服务。

（2）打造或重申组织的价值——组织坚守的原则。

（3）其他人的个人发展——组织才会有能带

领其往未来发展的可用之人。

知识工作者是专家。要想做事有成效，就得让其学会专精一件事，舍弃在许多其他领域的能耐。知识工作者产出的是点子、信息和观念。成效卓越的知识工作者只在乎自己产出的实用性，以及如何与他人的努力相结合，给顾客提供解决问题的方法。成效卓越的知识工作者能够对自己的贡献负起真正的责任。

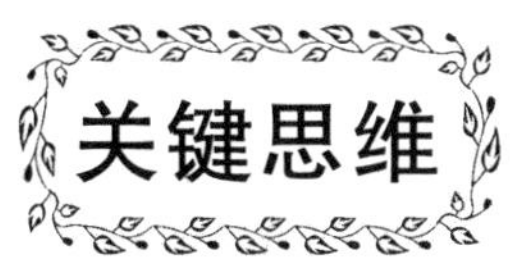

成效卓越的人重视贡献。他能从自己的工作上向外寻找目标。他会问自己："我能为我服务机构的绩效和成果带来什么重大影响？"他强调的是责任，并把整体绩效当成自己的责任。

——彼得·德鲁克

5. 认清个人的长处和价值

想做一份以上工作或事业的知识工作者应该

时常自问：

（1）我的优势是什么——知道自己短处的人比了解自己长处的人多得多。利用回顾分析得知自己的优势——写下你做的每个决定和理由，一年后再次分析这些关键行动。这样能够发现你做对了什么。

（2）我的表现如何——如果懂得分析自己学习新知识、实践新事物的过程，那么你就比较容易在这两方面获得更大机会。

（3）我的价值是什么——除非能明确阐述自己的价值体系，否则你不可能找到一家能让自己好好发挥的公司。

（4）我归属于哪里——一个人长处、价值和个人喜好的组合。一旦知晓了这个问题的答案，你就会很清楚自己在替谁工作以及要接受什么样的任务。

成功的事业不是“被计划好的”。它是给准备抓住机会的人预备的，因为他们知道自己的长处、工作方式以及价值。认清自我能够让勤劳、能干但资质平庸的一般人成为绩效卓越的人。

——彼得·德鲁克

6. 善用时间的重要原则

成效卓越的员工从来不是接到任务才开始工作的，他会按3个步骤来善用自己的时间：

（1）记下目前时间使用情况——除非知道自己目前时间的使用情况，否则人们不会知道自己需要做什么改变。

（2）通过排除无产能的工作来管理时间——删除不需要做的事。避免做浪费时间的事或是将其交付出去。预设一些系统来防止紧急状况重复出现，以免人浮于事或是参加不必要的会议。提供更好的信息系统来让组织里的员工自己找答案，这样知识工作者就不用中断手上工作去帮他们寻找现成的资料。

（3）把可运用的时间尽量集中起来——把整块时段用来完成重大任务，对成果会大有帮助。

关键思维

成效卓越的员工都知道时间有限，任何产出都会受这个珍贵资源的限制。在取得“成就”的过程中，时间就是资源。分析一个人的时间是最容易做到的，但系统化分析一个人的工作然后彻底思考其中真正重要的部分，就没有那么容易了。

——彼得·德鲁克

7. 做出高效决策的系统

做出高效决策的关键要素包括：

（1）考虑面临的是通用还是特殊的情况——订好规则，对通用性问题做一次性解决或只是把它

当成一个例外。

（2）清楚表明必须做出的决定——决策务必符合目的。

（3）从最佳或最理想的解决方案开始——再加入必要的妥协或调整。

（4）做决定时考虑到必要的行动——为了让决策有效，你要确保能付出一定的代价。

（5）纳入回顾机制——根据真实世界发生的事来测试每个决策的正确性和有效性。

关键思维

成效卓越的员工不做太多决定，他们只专心做重要的事情。他们会设法区分策略和一般性事务，而不是老想着“解决问题”。他们设法只做重要决定，并找出这个决定的意义以及必须满足的基本现实是什么。他们要的是影响而不是技术，是确实可靠而不是聪明伶俐。

——彼得·德鲁克

8. 创新的重要原则

创新中可以做的事：

◎着手分析创新带来的机会。

◎出门去看、问真实的人并听他说话。

◎保持简单、专注，而且最好是显而易见。

◎从小处做起，但尝试只做一件事。

◎立志成为行业龙头。

创新中不可做的事：

◎太聪明——顾客就是普通人。

◎尝试一次做太多事。

◎尝试替未来创新——要着眼于当下。

创新若要成功，必须满足 3 个条件：

（1）需要知识和巧思——这就是为什么某个领域的成功创新者很少能够成功跨越到另一个领域。

（2）凭借自己的优势——然后推出一系列符合自己个性、事业和热情的产品。

（3）把握市场导向——从人们从事或生产某

个宝贵东西的地方开发。

创新有风险。但就算只是开车到超市买面包也有风险。所有经济活动本质上就是“高风险”。而捍卫昨天——不创新，远比创造明天更加危险。我所认识的创新家都能够在某种程度上做到预估风险并且加以限制。成功的创新家行事保守。他们必须如此。他们不是“专注风险”，而是“专注机会”。

——彼得·德鲁克

9. 后半生的挑战

那么，知识工作者在事业的最后15~20年有哪些选择呢？

（1）可以打造完全不同的事业第二春——换到新的组织并且学习全新的知识和技能。

（2）可以平行打造另一项事业——从全职工

作改为兼职或以个人专业为其他公司担任顾问。

（3）可以成为“社会创业家”——从事兼职的工作并开创新的非营利组织。

关键思维

个人可能活得比组织长。自我管理需要为自己的后半生做好准备。管理后半生有个必要条件：要在进入后半生前就开始做。但是，自我管理是一项人事革命。对个人，特别是知识工作者，有着全新的、前所未有的要求。实际上，它要求每个知识工作者都要像 CEO 一样思考和行动。

——彼得·德鲁克

10. 受过教育的人

社会上，“受过教育”一词的概念正在快速演变。有史以来，人们总是带着怀疑的眼光看待受过教育的人，但知识型社会就是要把“受过教育的人”摆在带动未来发展的核心位置上。

事实上，在未来，多数受过教育的人必须同时在两种不同的文化中工作——一个是属于他们的专业领域，在那里创意是重点；另一个则是专注在人和完成工作的管理上面。如果这两种文化能互相平衡，受过教育的人就会做得很好——他们可以应对工作上愚蠢的官僚制度，同时在专业领域上成为有创意的管理者。同样，这两个角色也相辅相成，如果知识领域中的新点子完全无人问津，那也就没有人能够达成什么成就或进行任何改善。与此同时，如果一个受过教育的人受制于组织，他就会变得很沮丧且不快乐。只有当两个角色取得平衡时，创意表达、秩序、成就感和生命意义才会产生。

关键思维

知识不在书本、资料库或软件里——那里有的只是信息。知识总是藏在个人身上，跟着人走，再由人教导和传授。知识由人创造、扩充或改进，由人应用，而人则会使用或误用知识。因此，进入知识型社会后，人就成了主角。这也代表着会有一些史无前例的问题，出现在知识型社会的代表人物——受过教育的人身上。

——彼得·德鲁克

三　德鲁克谈社会

人类史上没有哪个世纪像20世纪一样经历了这么多、这么激进的社会变革。在发达的市场经济国家中，在20世纪的最后10年，工作和劳动力的质与量与20世纪初已大不相同：它们的形态、过程、问题和结构都产生了变化。

1. 知识型社会的出现

20世纪的主要变化是：

◎第一次世界大战前，农民是每个国家最大的阶层。现在则只有5%的人口和劳动力是农民。同样，仆人阶层也不复存在。

◎蓝领工人的经济财富在20世纪中叶急剧增加，到了20世纪末则急剧下降。

◎ 20世纪末的新兴主流阶层是知识工作者。

在多数发达国家，知识工作者成为了最大的阶层和劳动力群体。

◎知识型社会正顺利成为史上最有竞争力的社会形态。不论过去有什么样的历史，所有的国家都有可能成为知识型社会。

◎知识型社会顺利成为以员工为主的社会——管理将着重于知识生产的过程。

◎在知识型社会中，组织将超越并最终取代旧的社会结构。

◎知识型社会的兴起将挑战所有关于政府的基本假设。随着组织具备了愈来愈多的社会功能，政府的角色将需要进行全面思考和重新审视。

关键思维

至少在最初几十年里，21 世纪肯定会持续面临社会、经济、政治的动荡和挑战。社会转型期尚未结束。未来即将出现的挑战，可能比 20 世

纪面临的更加严重和艰巨。除非能先解决这些因发展而带来的挑战，否则对于明天即将出现的新议题，我们可能根本连解决的机会都没有。如果说 20 世纪面对的是社会转型，那么 21 世纪面对的必定是社会和政治的创新。

——彼得·德鲁克

2. 创业型社会的到来

随着创业型社会的不断兴起及其作用日渐明显，它将成为人类史上的转折点，因为：

（1）所有既定的机制、法律制度和社会角色都将被重新思考。

（2）关键的挑战将是人们学习和反复培训需求的不断增加。教育不再只是一个人生涯中的一部分，个体将需要终身学习新的事物。这将对社会和教育界产生重大影响。

关键思维

我们需要的创业型社会要能够稳定且持续地将创新和创业精神视为常态。正如管理成为当前所有机构的特定组成部分一样，组织也成了社会的一部分。因此，创新和创业精神必须成为组织、经济和社会中不可或缺且性命攸关的活动。

——彼得·德鲁克

3. 新的公民概念

在知识型社会里，个人仍需通过社会来平衡或得到组织没有提供的东西。社会群体最有可能由具有自主性的社区组织组成，通过义工给他人提供有意义的服务。个体将通过参加这些社会组织来改进社会。

各个国家其社会结构都将大幅改变。每个发达国家的社区组织都会通过自治、自我管理的社会性部门来提供必要的社会服务，但最重要的还是重建社会的共生关系和积极的公民意识。

——彼得·德鲁克

4. 新的世界观

由于信息无国界，因此社会上将形成一种新的“跨国”社交媒体，一些可能根本没见过面的人会通过相互往来而进行交流。世界经济，特别是代表货币和信用的“符号经济”，已经成为无国别、跨国际的社交媒体。

关键思维

技术不是自然而是人文，不是工具而是人们工作的方式，此外它还是人们关于生活与思考的讨论。与达尔文共同发现进化论的阿尔弗雷德·罗素·华莱士曾说过:“人是唯一能做到选定方向并有目的进化的动物——他会制造工具。”正因为技术是人类的延伸，所以基本技术的变革总是会体现人们的世界观，并反过来对人类产生影响。

——彼得·德鲁克

找顾客边改边做

Lean Customer Development

Building Products Your Customers Will Buy

原著作者简介

辛蒂·艾华雷兹（Cindy Alvarez），Yammer 公司使用者体验总监，该公司是一家企业社交网络服务提供商，号称“企业级推特”，于 2012 年被微软收购。艾华雷兹曾在新创事业及《财富》杂志 500 强企业从事过互动设计、顾客研究和产品管理，目前在微软使用者体验领导团队，积极倡导公司全面采用精实策略。毕业于哈佛大学。

本文编译：黄玩

主要内容

别再制造没人想买的产品了

大多数企业都忙着开发新产品，然后才坐下来思考如何营销自己的产品。比较好的方法——“精实顾客开发术”，则是在了解顾客的需求之后，再制造顾客愿意付费的产品。

顾客开发和产品开发是相辅相成的。如果企业拥有一套产品开发的方法，却没有任何人懂得顾客开发，那么它就是在冒一个极大的风险在制造没人想买的产品。

我们总是对自己的构想自信满满。因为长期沉浸在相关产业，我们更是理所当然地赋予自己不去验证那些想法而直接制造产品的权力。原因是在还没有产品之前，我们并不懂得如何找到顾客。我们知道只有做顾客想买的东西才是正确的，但却不知道该怎么做顾客开发，总是束手无策。

1. 顾客开发是什么

顾客开发是一种降低企业风险，挑战你对顾客、顾客需求、购买目的及手段了解程度的假设。如果假设全部或是部分有误，你就能尽早知道。如果找不到顾客，你得修正假设；如果顾客反对你的假设，你也得修正假设。这样的过程可以让你找到顾客需要而且愿意购买的产品。

辛蒂·艾华雷兹在运用顾客开发技术的十几年中发现，对大多数人来说，顾客开发不只是一个概念，还是一种心态上的改变。你不会再因为自觉自己的想法或直觉正确就着手制造产品，而是积极地找出自己想法上的漏洞，从而证明自己或是推翻自己的假设。

通过和潜在顾客对话而推翻假设，就可以避免浪费时间去制造根本没有人会买的东西。实际上，在顾客开发上花的时间可以让你省下 5 倍、10 倍甚至更多时间来撰写报告、编写程序

或进行设计。如果不进行顾客开发，则可能面临机会的丧失、愈来愈庞杂的程序结构以及士气的打击。

2. 验证你的假设

产品开发要解决的问题是："顾客何时会买以及可以买到什么？"这是一个开发新产品或服务然后上市的过程。顾客开发要解决的则是："他们会买吗？"你想得到的答案包括：

◎你的顾客是谁？

◎他们有什么样的问题和需求？

◎他们目前如何处理这些问题？

◎他们愿意为什么样的解决方案付费？

◎如何提供一个供顾客决策、购买及使用的产品？

"精实顾客开发"特别强调必须切合实际、容易执行且快速反应。配以开放性的访谈以及快速且灵活的研究技巧，通过顾客开发，你将了解潜在顾客的行为、问题以及让他们难过或开心的事。这些深入见解可能会动摇你的假设，但是它们也会帮助你找到正确答案，从而使你开发出真正伟大的产品。

一　建立一个假设

进行顾客开发时，你要做的就是全神贯注地测试关于顾客目前想法和做法的假设。你要先通过详细说明来界定自己的初步假设，然后厘清你想要服务的顾客类型。虽然这件事不必花太多时间，但是记得要这么做的团队却不多。

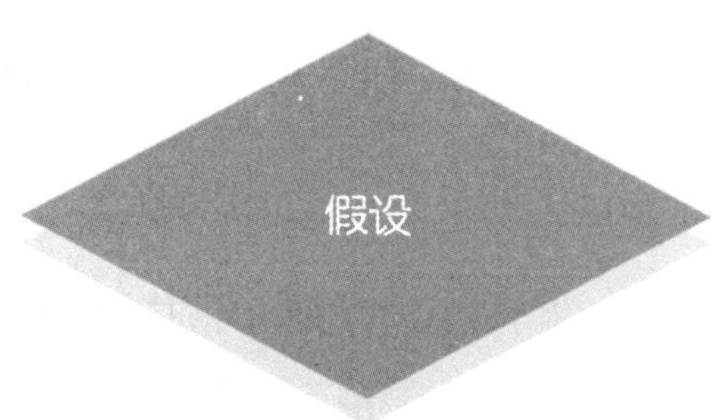

精实顾客开发的首要或基本步骤就是先建立顾客需求的初步假设。这项工作不会太困难，也花不了太多时间。你要做的是以下 3 件事：

1. 界定自己的假设

不论是否察觉，你对自己未来顾客会有什么样的想法和做法早已有了许多假设。你应该在一开始就花时间来详细阐释这些假设并且将它们写在纸上。

能够协助这些假设成形的问题可能包括：

◎顾客想要 _____ 却无法如愿。

◎只要顾客使用这项产品，他们就可以 _____。

◎顾客已经在使用 _____。

◎因为 _____，所以这项产品会很实用。

◎顾客对于改变的接受度是 _____。

◎要得到 X 个顾客必须付出的是 _____。

和你的团队讨论这些假设是件好事。你必须明确地界定每一项假设，这样未来才有机会验证或推翻它们。把假设写在纸上以确保团队中的每个成员对此都有相同认知，而不是彼此背道而驰。

记住，在这个阶段你不必考虑自己的假设正

确与否。你只要把它们写在纸上，然后要求大家运用同一组假设。

2. 写下你要解决的问题

接下来，你还必须用一种假设的形式写下自己想解决的问题。不必马上将问题都写对——你随时可以更改，但是你确实需要一个起点。

运用下列样本描述问题：

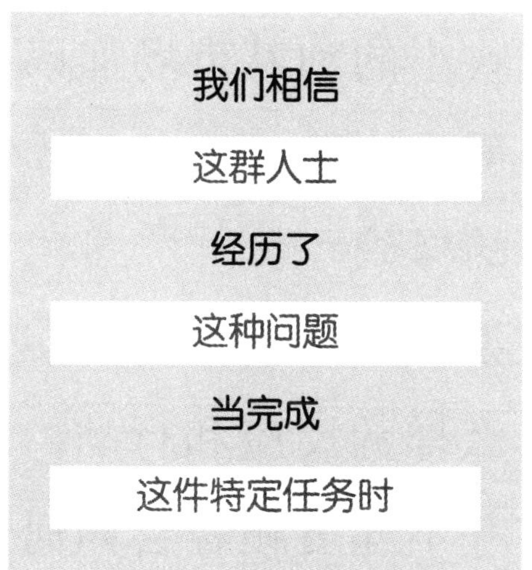

例如：

◎亚马逊简易储存服务：我们相信技术小组在为成长中的公司预测网络带宽用量时，经历了时间和预算上的浪费。

◎ MailChimp 电子邮件服务网站：我们相信小型企业体验到无法让营收成长的无力感，因为传统的电子邮件营销平台很昂贵。

◎ Hotwire 搜索及预订旅馆服务：我们相信旅客没有足够自信来完成旅馆预订，因为他们搞不清楚各家旅馆的位置。

假设愈具体，之后要证明或推翻它就会愈快速且愈容易。先针对较狭小的利基市场加以扩张，不要企图对所有人都面面俱到。

3. 描绘自己目标顾客的样貌

一旦建立了自己的假设，接着就要厘清在假设正确时你的顾客会有什么样的反应和行动。最可能的情况是在一开始你并不知道顾客会如何反应，因此通常在这个步骤你要提出下列问题：

◎问题是什么？

◎目前有谁遇到了这个问题？

◎是什么让他们看起来属于一个群体？

你也可以考虑他们的特点：

◎他们重视金钱还是时间？

◎他们是决策者吗？

◎他们偏好控制还是便利？

◎他们属于低科技用户还是高科技行家？

◎他们属于低度还是高度自动化？

◎他们害怕风险吗？

◎他们偏好成套的解决方案还是量身定做？

◎他们最担心什么事？

◎什么样的成功或奖励能激励他们？

研拟一份理想的顾客样貌。同样，一开始不必要求完美，它只是一个起点。未来你会不断回来加以修正。

一旦逐步完成这 3 项要务，你就会得到可以用来进行验证的假设。

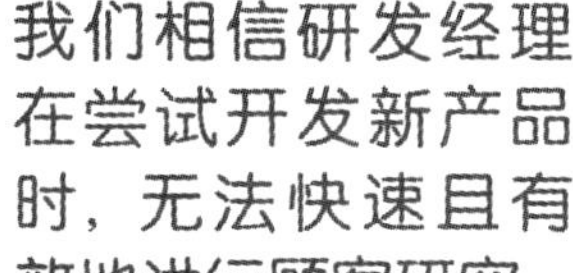

在新创事业的建筑物中并没有任何事实存在，只有意见。

——史蒂夫·布蓝克，作家

在被迎面痛击之前，每个人都有自己的一套计划。

——麦克·泰森，拳击手

二　找到可以交谈的潜在顾客

一旦建立了自己的假设，你就可以开始和顾客交谈，从而验证自己的假设。很明显，你交谈的对象愈多，效果就愈好。先寻找那些未来有可能变成自己最热情顾客的人——你的“早期支持者”。

和人们谈论一个不存在的产品，这种想法

早期支持者

◎拥有或可以取得尝试新事物的预算

◎可能已经尝试过用不同元素来组合出一个解决方案

◎知道问题存在并积极寻找可行的解决方案

◎乐于帮助别人解决问题

听起来或许令人不安，但实际上并不会如此。你并不是真想和每个人交谈，而只是想找出自己的“早期支持者”。

有潜力成为早期支持者的人到处都有。要辨识并联络他们，你可以运用下列几项策略：

（1）要求身边的朋友和同事提供建议并介绍——他们很可能早就认识一些这样的人。简要告诉你的朋友和同事你正在努力寻找的解决方案，然后问他们是否知道有谁受到了这种问题的影响。记住他们最在乎的是时限、保证、隐私和内容。务必消除他们的疑虑，让他们能够愿意提供那些有可能成为早期支持者的人士信息。

（2）到领英（Linkedin）找人——寻找那些在特定行业工作或具有特定职衔故而可能成为你目标群体的人。通过 Linkedin 你应该至少可以找到一些第一级或第二级关系人。一旦你找到一两个接受你的人，他们就能建议接下来的人选。给这些人寄送简短的摘要，邀请他们进行 2～3 分

钟的访谈，再往下发展。

（3）使用 Quora 问答社交媒体网站——它的用户数量比 Linkedin 和推特（Twitter）少，但是能够吸引热情且愿意畅所欲言的人。Quora 的用户对自己的在线社交有很高的防御心，所以在和他们接触之前，务必先上传自己的照片，完成个人资料填写并且对网上讨论有所贡献。在接触个体对象前你要先对整个 Quora 社交媒体创造价值，并且小心避免过度自我推销。

（4）前往你的潜在顾客出没之处——进行面对面的交谈。例如在牙医行业大会会场对面的星巴克咖啡，比其他地方能遇到更多的牙医。找到真实世界中潜在顾客可能出现的地方，然后前去互动。或是在行业大会里租一个小展台，和潜在顾客会面。

（5）找寻在博客或 Twitter 上对你计划解决的问题提出意见的人——然后毛遂自荐。去接触关注内容和你的解决方案有关的人。

（6）建立一个登录页面——然后利用Google关键字广告或其他方法将流量导到你的网页。登录页面就只有一个，你可以通过它提供某些价值以换取访客的联络资料。除了给他们提供你承诺的事物外，你还可以邀请他们和你进行更多的互动。

在寻找潜在顾客时，使用Craigslist.com等分类广告网站并不是好主意。你可能会碰到骗子并因此受到伤害。基于同样的理由，不要提供报酬以换取潜在顾客和你交谈。这样做只会降低谈话品质。明确表示只要你解决问题，潜在顾客便自然会得到真正的报酬。

和这些人碰面的地点也必须考虑。选择有很多种：

◎你可以到他们的办公室或家中拜访，面对面进行交谈。

◎你们可以在图书馆、公园或其他中立场地碰面。

◎你可以通过电话进行访谈。

◎你可以使用视频聊天或即时通信软件。

重点是要使用让潜在顾客觉得自在的沟通方式。不过要小心别把访谈安排得太过密集——你必须预留一些时间以应对人们迟到等状况。每场访谈不超过1个小时。要确保在访谈之后留下足够的时间，让自己写下收集到的最可行及最有价值的见解。

离开办公室进行第一场访谈会有点可怕，至少会让人有点提心吊胆。不过如果不这么做的话，你就永远无法测试假设并进一步发展。

那么你该如何克服第一次访谈的紧张呢？一

些建议如下：

（1）和身边的同事进行一场访谈练习——再好好想想你必须提出的问题。要求你的访谈对象就访谈的进行状况和你的表现提供真实的反馈意见。

（2）两人一组进行访谈——当你提出问题时，另一个人可以进行记录及观察反应。让记录的人同时标注潜在顾客何时出现生气、激动、热情或强势等反应。听取其中的情绪反馈是很重要且很有帮助的。

（3）让访谈保持一种对话及私人的形式——不要过于正式。你希望人们就好似在休息室和朋友互动一样，而不是在向老板进行汇报。

（4）在提出第一个问题之后，停下来完整地聆听1分钟——清楚表明你愿意聆听他们的想法，而不是一直由你负责说话。接着你再开始提出问题，保持流畅的交谈。

（5）总是努力听懂言外之意——挖深一点

儿，让他们澄清自己的意思。你可以用自己的话归纳他们叙述的内容，并要求他们在你出现错误时提供修正。你也可以要求他们就自己谈论的内容提供范例。要让他们尽量多讲话并了解他们叙述的内容。

（6）仔细聆听任何能验证或推翻你假设的事物——以及其他出乎你意料的东西。

（7）让顾客在回答你的问题时偏离主题——离题有可能带来一些非常有价值的精辟观点。你要研究他们为何会谈论某个没有关联性的主题。如果他们愿意花比较多的时间来谈论该主题，就可能代表着存在另一个完全不同的有趣机会。如果面对不同人时同样的主题一再出现，则表示你应该对这个主题进行更加详细的调查。

（8）当顾客开始建议功能或解决方案时，要谨慎地将他们引导回手边的问题——你真正需要从他们身上听到的。有些人会给你一份愿望清单，希望你的方案能全部解决。这是一种好现象，然而实际上你才是专家而他们不是。他们不能替你撰写产品规格，因为他们并不了解什么可行和什么不可行。尽可能了解他们面对的让人沮丧的事物。

（9）提出“魔术棒”问题——“如果你挥一下魔术棒，就可以改变目前解决方案中的任何一部分，那么你会选择改变什么？”在这个问题上要允许他们发散自己的思维。

（10）不要展示你的原型产品——这会让他们停止讨论转而批评你的解决方案。原型产品在这个阶段会限制甚至误导他们的想法。当你尝试收集关于根本问题的信息时，重点就是不要带入任何偏见。

（11）在结束访谈时，要对他们付出的时间和精力致谢并表示可以回答他们提出的任何问题。要提到他们叙述的内容确实很有帮助并承诺让他们持续了解方案的进程。这样做可以强化他们身为专家的角色，还能为你创造出在未

来进行追踪的机会。

（12）在访谈结束之后，尽快检查你的笔记——归纳叙述内容的重点。通过这样的分析方式，你可以找出哪些部分做得很好，从而让自己继续保持。你也可以发现某些可能需要避开的绊脚石。花至少5分钟来标记：

◎开场第一分钟进行的顺畅度。

◎你是否不经意地提出了自己的意见。

◎你是否提出了有引导性的好问题。

◎你是否提出了太多是非题。

◎受访者在何处表现出最多情绪。

◎你是否仍然需要更多的信息。

◎有无任何有趣的离题事物出现。

◎下次你该如何做得更好。

◎你从这次访谈中学到的主要内容。

三　向顾客提出适当的问题

你很容易为顾客访谈而做过多准备或提出太多问题。实际上，只要5个基本问题，你就能得到所需的反馈。从这些问题开始，必要时再增加一两个因人而异的问题。

在苹果手机（iPhone）推出之前，如果你问顾客想不想要一部由电脑公司开发的移动电话，他们很可能会说“不要”。直到提供出一个开发完成的产品后，他们才真正开始把它当成一种可以解决长期困扰的方案。

同样的道理，作为精实顾客开发术一部分的顾客访谈，不要问顾客是否愿意购买你计划制造的产品。他们还不能够回答这个问题。你必须做的反而是提出能够揭示他们需求的问题，还要让

他们仔细说明先前尝试过的无效解决方案。

人性就是如此，顾客并不愿意承认或讨论某些事情：

◎只要不提他们就不会谈到自己的弱点。

◎他们不会告诉你过去尝试过的解决方案，因为那样做会很尴尬。

◎他们不会承认自己不了解现在使用的工具和解决方案为何有用。他们或许精通使用方法，但是这未必代表他们足够了解并可以建议如何改善。

因此，比较重要的是观察顾客在做什么，而不是要求他们就自己的需求提供详细的反馈。和人们谈论他们已经在做的事，还有为何你要企图进行改变。你应该提出 5 个基本的顾客开发问题（图见下页）：

在顾客回应之后，你再根据他们的回答提出其他开放性问题：

◎你还可以告诉我更多关于这个流程的事吗？

1 告诉我你今天如何______。

2 你会使用任何应用程序 / 产品 / 工具来协助自己完成______吗?

3 如果可以挥动魔术棒让事物变得更简单，那么你想要什么?
如果不用担心是否能够实现，你希望可以使用哪些功能?

4 在上一次做______时，开始着手前你做了什么?
结束后，你又紧接着做了什么?

5 关于______，还有其他什么是我应该问你的吗?

◎要完成这项决策还会涉及其他人吗?

◎上一次做这件事花了你多少时间?

◎你通常会到哪里买这件东西?

◎请问你是如何得到这个结论的呢?

利用这5个基本问题和后续问题，你可以轻易完成整场20分钟的访谈。你要让顾客说话，再提出后续问题切中主题。事先准备好笔记本，

让自己可以在空白处记下他们的答案，以此记下谈话的重点。

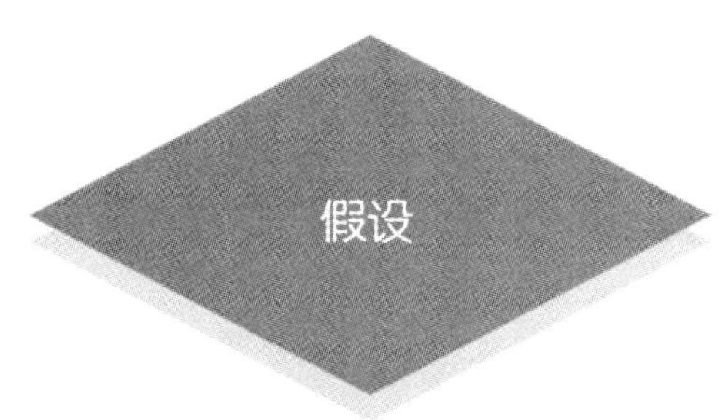

别忘了顾客访谈最后是用来验证或推翻你研拟的假设。基本上你要利用他们说的话来厘清：

◎顾客已经做了什么？

◎在他们的想法中哪些问题显而易见？

◎他们通常会遵循什么流程？

◎他们现在有什么束缚？

◎是什么让顾客对现状感到沮丧？

◎用什么可以激励他们采取不同的行动？

◎他们目前如何进行决策？

◎他们如何花钱？

◎从顾客的观点来看，构成价值的是什么？

◎在决策时他们会咨询哪些利害关系人？

你此刻的目标是收集真实世界的资料，让自己和顾客现有的行为方式保持一致，而不能假设顾客会在你推出产品或服务后就改成新的行为。你必须专注于此时此地正在发生的现象。

关键思维

知道自己要什么并不是顾客的工作。

——史蒂夫·乔布斯，苹果电脑创办人

大自然给人类一条舌头和两只耳朵，好让我们从别人那里聆听到两倍于自己说出的话。

——爱比克泰德，古希腊哲学家

要花时间了解顾客价值主张的所有层面。问自己：顾客为何要买你的产品？你的产品是否符合他世界中的某些部分？有什么会影响他对于产品价值的想法？你的产品取代的是什么？你的顾客为何要冒险做这样的转换？

——盖瑞·史瓦特，eDesk CEO

四　充分理解答案的意义

你的访谈会给你提供验证（或推翻）自己假设的初步材料。寻找并聆听相关线索，确认顾客有某个虽然已在试图解决，但现存解决方案却无法切中要害的问题。经过10次左右的访谈后，应该就会出现一些有用的模式。当你无法再听到会让自己吃惊的内容时，就可以停止访谈。

访谈的基本原则是：

◎在2~3次顾客访谈后，你应该停下来问自己："我已经了解所有应该知道的事物了吗？"如果没有，就要改变你的问题。

◎在经过5次访谈后，你应该辨别出谁对你的解决方案有兴趣。

◎等到10次访谈之后，你就会发现某种模

式。自己原本的假设是否正确，你应该有了更务实的看法。

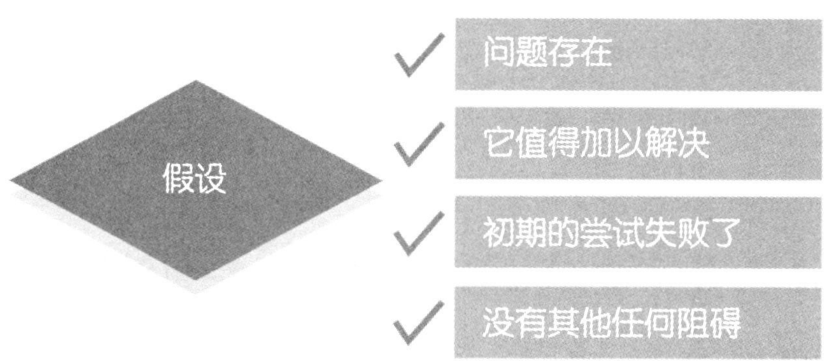

在分析访谈收集来的资料时，你要建立的是：

◎是的，这肯定是顾客关切的问题或痛点。

◎顾客相信这个问题的确值得解决。

◎顾客已经尝试过解决这个问题但是并不成功。

◎并没有任何其他因素会妨碍顾客采用一个能解决问题的方案。

在分析顾客的答复时，对自己听到的内容保持怀疑事实上是有帮助的。很多人会很有礼貌但

未必坦诚。他们会为了各种理由而告诉你他们认为你想听到的内容。他们想要让你高兴而非失望。

基于同样的道理，想要某件梦寐以求但并不存在的事物并不需要付出什么代价。有时候直到你要求某人打开皮夹购买时，才能真正知道他心里在想什么。长期下来你对于人们何时真有兴趣可能就会有判断的能力。预测未来行为的最佳方法就是观察他们目前的行为。

持续进行顾客访谈，直到你再听不到令自己吃惊的新内容为止。你可能需要 15 ~ 20 次访谈才会达到这种可以验证假设的阶段。确保对每一次访谈都做好了详细摘要，这样你就能够整理出一份结论以便和同事讨论。

一份优秀的顾客访谈结论应包括下列细节：

◎为了解决这个问题，顾客目前正在做什么？

◎为了解决这个问题，他们还使用了什么工具？

◎他们真正需要的工具是什么？

◎目前有哪些人正在尝试提供解决方案？

◎这个问题的严重性或频率如何？

◎还有其他问题吗？

要对偏离主题的事物保持警觉，因为它最后可能会变成有用的东西。如果在评估假设的过程中发现顾客一直提到其他事情，你就能根据这个新问题产生一个新的假设。运气好的话，你或许能够同时测试这个额外的假设，看看自己会发现什么。这样可能会产生一个比原本设想方案更具潜在吸引力的不同产品。

了解顾客提供答案的意义，实际上代表你要追踪然后从中撷取能够验证或推翻自己假设的所有反馈。

持续努力直到你确信自己能够回答下列这些问题：

◎如果今天我能推出完全解决这个问题的产品，那么顾客在购买这项产品时会遇到什么障碍吗？

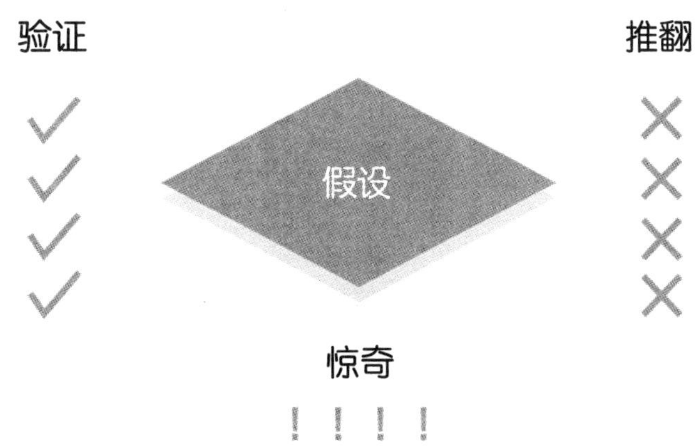

◎他将如何把它融入日常活动中呢？

◎它会取代什么东西呢？

◎如果他不买我的解决方案，不买的具体理由会是什么呢？

关键思维

一开始人们告诉我“这是个好主意”会让我感到兴奋。但是进行了一些访谈之后，我会看到有些人突然灵光乍现，然后开始滔滔不绝。做过的访谈愈多，我就愈能够分辨人们是只想表现得有礼貌，还是真有一个我能解决的问题。

——巴托斯·玛卢科，Starters CEO

五 厘清该制造什么

一旦验证了自己的假设，接着你就要设计一个最低限度可行产品，让自己继续学习顾客想要的是什么。你要把这个产品交到潜在顾客手里，再观察他们的实际使用状况。根据从最低限度可行产品中学到的经验，你会了解完整规格的产品或服务应该具备哪些功能。要持续和顾客交谈并善用他们的想法。

制造一个最低限度可行产品的目的就是在尽可能学习的同时，把风险和投资降到最低。你的最低限度可行产品就是要把经过验证的假设具体呈现出来，让自己持续了解顾客需求。

可以用一个最低限度可行产品来尝试回答的问题包括：

◎我们真可以把这项产品拿到适合的顾客面前，并提供绝佳的好处吗？

◎顾客会按照我们所设想的那样为这个产品提供的价值付钱吗？

◎顾客会用什么方式衡量从这项产品中得到的价值呢？

◎我们应该采用什么样的定价模式才能兼顾顾客重视的价值和他们付款的能力呢？

最低限度可行产品所指的“最低”意味着你必须以尽可能少的时间和资源来进行学习。当然你制造的产品还必须具备“可行性”——它必须能提供给顾客使用体验。顾客必须亲眼看见自己能得到什么价值。

最低限度可行产品的 6 种最普遍类型是：

（1）预购式最低限度可行产品——你描述自己想推出的解决方案，然后让人们在它被实际制造之前进行订购。你可以运用 Kickstarter 等平台来评估意愿。人们会用自己的钱包进行投票，毫无疑问这是对需求的强力验证。

（2）为观众制造最低限度可行产品——你在一个潜在顾客聚集的平台，提出功能然后观察并评估需求。37Signals 网站最著名的就是通过博客建立了一个社交媒体，然后根据该社交媒体成员要求的内容进行制造。对于具有社交媒体元素并以高度重视自己时间的观众为对象的网上产品或服务而言，这是很不错的方式。

（3）最低限度可行产品守门员——让某个人在幕后以人工方式解决顾客的问题。这些人的努力在一开始无法获利并且无法扩大规模，但这得以让顾客体验你的最终制成品。当目标顾客并非科技行家或是产品物流模式难以预估时，这是设计最低限度可行产品的好方法。

（4）最低限度可行产品魔法师——类似于最低限度可行产品守门员，但是使用者并不知道有人在幕后以人工方式推动事物运行。你提供一个看起来功能齐备的产品，但事实上它却是由人工

推动。它无法规模化，但你可以通过观察顾客的真实行为来进行改进。对于需要精密设计才能运作的产品，这是绝佳的方式。

（5）单一用途的最低限度可行产品——你完成一个有用的原型产品，让它只解决一个大问题中的某一部分。这个单一用途的最低限度可行产品只是完整版产品的一个部分，但是它至少能够让你验证该问题是否值得解决。它也可以让你收集顾客关于向前推进时所需其他事物的反馈。你可以从单一用途的最低限度可行产品开始，然后一直更新换代直到完成完整规格的产品。

（6）他人的最低限度可行产品——你用他人既有产品的某些部分来验证自己的构想。要借用竞争者所推出的产品，方法是在他的产品中加入你自己的一些调整。把竞争者的资源当成自己发展的基础，然后你就可以在验证需求时提供丰富的体验。

使用最低限度可行产品的真正主要目的是验证自己的假设并辨认最大风险。它会回答关于该如何配送产品以及该使用哪种经营模式等问题。它也能够协助你了解顾客心目中的产品价值以及必须在最终版本中加入的功能。简单来说，你让人们试用最低限度可行产品后，便会对自己的市场和潜在顾客产生更多了解。

注意最低限度可行产品不只适用于新创公司或新产品。即使是已拥有许多顾客的大公司，仍然可以就新产品开发最低限度可行产品，然后进行测试。

你可以采取的方式是：

（1）选择顾客中某个较小的次级群体，邀请他们参与新产品的开发行动——让他们对不同功

能进行测试并提供反馈。要清楚表明你会通过提出问题来找出更好的服务方式，而且告知这个新产品概念目前只是一个粗糙的草案。让他们试用最低限度可行产品然后坦率地提出批评。

（2）匿名进行——为你的最低限度可行产品使用不同的网站、域名和完全不同的品牌名称。在不透露太多信息的状况下，让它看起来是来自市场上的新业者，然后请顾客就该产品提意见。与标准产品或服务方案相比，观察最低限度可行产品是否产生了不同的吸引力。

（3）和非顾客交谈——或许是使用某个对手产品的顾客。向这些人展示你的最低限度可行产品，然后收集批评和反馈，他们会用全新的眼光看待一切，这样可能会有帮助。

（4）请你的顾客示范他们目前如何使用你的产品——观察他们遇到的挫折是否能被你即将推出的最低限度可行产品所解决。亲眼观察并验证你的假设。

（5）为你现有的客户准备训练材料——然后努力协助他们发挥产品的更多用处。把最低限度可行产品的试用变成训练的一部分，观察顾客的想法。这种方式可能会让你对于未来还必须在产品中加入什么元素得出更多有趣的精辟见解。

对于即将推出的功能、新产品的上市和新活动的验证，精实顾客开发术同样具有良好的效果。不论你是新创还是成熟企业，时间都是核心要素。每个人都想尽快验证自己的假设并对最低限度可行产品进行实际使用测试。完成期限、预计发表日期和对顾客的承诺等问题会一直困扰着你。

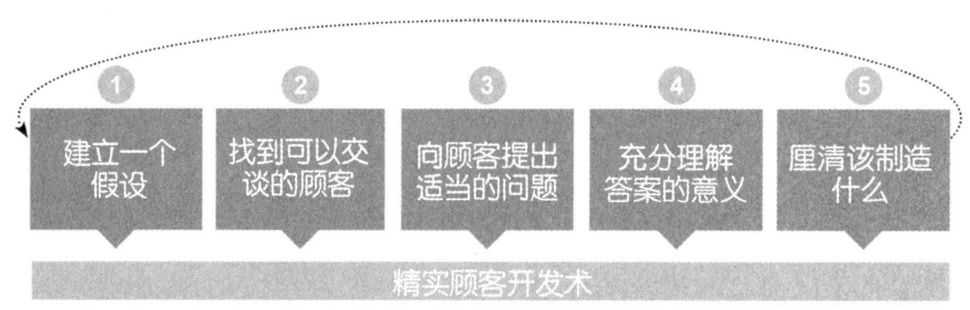

要加速进行并尽快完成精实顾客开发的程序为：

（1）观察你的组织中目前是由哪些人负责和顾客沟通——然后让他们加入顾客开发团队。教给他们精实顾客开发术，让他们参与形成假设及测试。给他们提供装备，这样他们才能在进行现有工作的同时完成这项工作。

（2）充分利用顾客的要求——和提出要求的顾客交谈，问他们如果想在今天就得到这个功能，他们希望怎么做。不要把这种反馈当成浪费时间，要把任何有足够热情且愿意提出抱怨的人当成新鲜想法的绝佳来源。要收集他们的建议。

（3）接触最积极且最热情的顾客——请求他们向其他人描述你的产品。观察他们的解释是否会碰巧命中你可能忽略的根本问题。他们会从实际角度发言，不会带什么偏见。

（4）要求每个人都思考顾客开发方案——方法是在整个组织中分享成功的经历。向大家展示从顾客处学到的东西对业务造成了哪些改变。

（5）切实分析客服人员每天处理的事物——以

寻找根本问题。你的客服人员或许已经知道顾客一直以来的问题，但是却没有人有时间去问他们。要积极地向他们请教。

（6）和你最愤怒的顾客交谈——聆听并了解他们的问题所在。这种做法对你会产生格外发人深省的效果。了解他们为何会产生负面感受，请求他们协助你让产品变得更好。

（7）寄出电子邮件时，每一次都要在下方加上一个问题——“我们还能为你解决其他什么问题？”把反馈制成表格，然后定期检视以发现最经常出现的问题。

（8）每周向组织成员提出一个不同问题——让他们专注于发觉顾客面临的问题。让事物保持新鲜度及话题性。从“每周一问”收集答案，让每一个人都能使用。

（9）鼓励所有面对顾客的员工携带笔记本——并尽快把他们的观察和想法用电子邮件告诉你。要让员工可以轻松地进行顾客开发工作。

你无法靠谈话找到真相——得靠实干才行。因此别再操心产品功能的理想组合了。要运用既有的信息做最好推测，然后产出一个最低限度可行产品——不论你如何定义它，并交到顾客手里。这是让探索流程持续推进的唯一方法。

——凯文·迪瓦特，soHelpful.me 网站 CEO

你不能再把客服人员当成一群被动的补破洞人员，只有在问题出现时才需要他们。他们要成为调查员，有权取得关乎你未来事业的信息：顾客的精辟见解。

——丹·马特尔，Clarity CEO

这是一个简单的公式。了解你的顾客需要什么，然后运用这项知识制造他们确实愿意付钱的产品。把你的眼光从制造更好的产品转移到制造更成功的产品上。

——辛蒂·艾华雷兹

分析决胜负

Competing On Analytics

The New Science of Winning

原著作者简介

托马斯·戴文坡（Thomas Davenport），美国巴布森学院信息技术和管理教授，擅长分析、知识管理、流程管理和商业创新，著有11本书，且已在商业刊物上发表过上百篇文章。《顾问》杂志将他誉为“全球25位顶尖顾问”之一，《优化》杂志更称他为“商业与科技领域的全球3大分析师”之一。

珍妮·哈瑞斯（Jeanne Harris），埃森哲公司高绩效商务研究院研究总监。在该公司服务超过30年，主导商业智慧、分析、绩效管理、知识管理和资料仓储咨询业务。毕业于美国伊利诺伊大学和华盛顿大学圣路易斯分校。

本文编译：乐为良

主要内容

大分析时代来了

大数据来了，大分析时代也来了。靠少数人高瞻远瞩打江山的日子已经成为过去，建立有效的分析型组织，让公司成为业界分析高手，这才是企业长久的竞争优势所在。

传统竞争优势已经迅速大幅瓦解，如何让自己的企业在同业竞争中拔得头筹？领袖群伦的公司现在对资料的运用已经大异于前，它们不再只是搜集与储存大量资料然后提出笼统的报告，反而是积极地应用科技从数据中得到真知灼见，建立自己的竞争优势。它们的秘密武器是什么？答案是：分析。

为什么分析能让企业占尽竞争优势？许多从前的竞争优势，如地理位置或保护条款，都因为全球化而逐渐消失。独特的技术被迅速复制，产品和服务也难以达成突破性创新。因此，让企业脱颖而出的关键，在于找出真正的差异点。这使得竞争剩下三大要素：高效执行、聪明决策以及从业务流程中萃取出最大的价值。而这三件事都可以通过分析获得。

托马斯·戴文坡擅长商管流程的分析及知识管理，2003 年他被评为“全球 25 大顶尖顾问”之一，在 2007 年和 2008 年，则被连续誉为“信息科技产业全球百大最具影响力人物”之一。与珍妮·哈瑞斯合著的《分析决胜负》也成为广受欢迎的畅销书，并被译成 13 国语言。

文中列举的像波士顿红袜队、亚马逊网站、第一资本、宝洁和百思买公司等，均运用分析的方法击败了对手。更重要的是，它们将分析内化成组织的一部分，使之成为决策或行动前的习惯，从而使自己在行业中长久立于不败之地。

分析重写了竞争法则。当然，要想成为分析

型公司必须整合多方资源并获得高层主管认可，然后再循序渐进且反复执行。以此方法获得的成果绝对不会白费你的努力。

一 分析的定义和特点

商业分析运用精密的信息技术，搜集客户和市场资料，来了解和预测客户的未来动向。你可以运用充分的资料和适当的演算方法来发展这套系统，日后就可以根据事实制订管理决策，而不用依赖直觉或其他方式。

简单来说，在商业上运用分析方法能让你得到统计上客户最可能接受的报价和产品。以更具系统和资料导向的分析取代传统意义上乱枪打鸟的方式，可以让你的商业活动更有效率并且提高获利。

在今日的许多行业中，你很难与对手形成差异并且长期维持下去，这是因为：

◎很有可能你与竞争对手提供的是大同小异

的产品或服务。即使你有一些独门绝活，也很快会被学走。

◎同行都在各自的供应链中使用大致类似的技术。

◎独特地理优势在可以轻易达成全球竞争的情况下，已无关痛痒。

面对目前这种市场现实环境，还能保持差异化的少数方法之一就是更完善地执行业务并做出更明智的决策。这就是分析的重点所在。重视分析的公司会从业务流程和关键决策中挤出每一滴附加价值。

“分析”一词其实涵盖了一整套技术和流程，以帮助企业了解和分析其绩效。只是在使用这些技术时，公司必须运用比以往更多的商业智慧。

还要留意的是，良好的分析能力显然要有健全的信息管理基础设施，以便取得、整合、转换和存取必要的信息，但光靠技术不一定能带来正面的结果。只有靠人和组织在分析上进行各方面

商业智慧（高 → 低）

层级	问题	类别
最佳化	我们可以获得的最好结果是什么？	分析
建立预测模型	我们认为接下来会发生什么事？	分析
预测或推断	如果这些趋势持续下去，会有什么结果？	分析
统计分析	为什么我们的行业会出现这种情况？	分析
警示	记得需要采取什么行动？	标准资料存取与汇报
资料库查询/深入探讨	我们究竟在检视什么问题？	标准资料存取与汇报
专案报告	这种情况发生的次数、频率和地点？	标准资料存取与汇报
标准报告	我们的行业目前发生了什么事？	标准资料存取与汇报

的竞赛，才能做到真正的差异化并使之成为发展的基础。

分析几乎可以用来支持和加强公司的所有业务流程，但你最好还是利用分析强化某个优于其他同业的特点。

例如：

（1）也许你的赚钱之道是善于找到适当的客户，用最好的价格出售产品或服务来获取盈利。尽管如此，你也可以而且应该运用分析来助自己一臂之力，以取得比竞争对手更好的效果。

（2）或者你卖的可能是日用品。你可以用分析优化供应链，从而在维持最低库存的同时，确保在客户需要的时候货架上仍有足够的商品。

（3）如果人才是你所属行业最关键的差异所在，那么你就可以靠分析来物色、雇用和留住一流人才。职业运动队已采取分析的方法并取得了一定的成果。

（4）你也可以凭借最好的决策与人一较高下——何处开设新店、收购哪家公司等。如果你不是靠直觉，而是根据事实和分析做出这些决定，那你成功的机会就会大很多。

整体而言，分析本质上并非是一种商业策略。它是一套工具和方法，能让你最独特的业务能力发挥得尽善尽美，提升你的绩效。也许最有用的方式是把分析想成下列精妙组合：

◎资料搜集与管理。

◎统计与定量分析。

◎根据事实做决策。

◎建立预测模型并预测。

◎尖端产业预测。

◎实验与评估。

◎统计相关性与分析。

分析型公司必须具有 4 大条件——从而广泛使用分析法，在思考和行动上超越竞争对手：

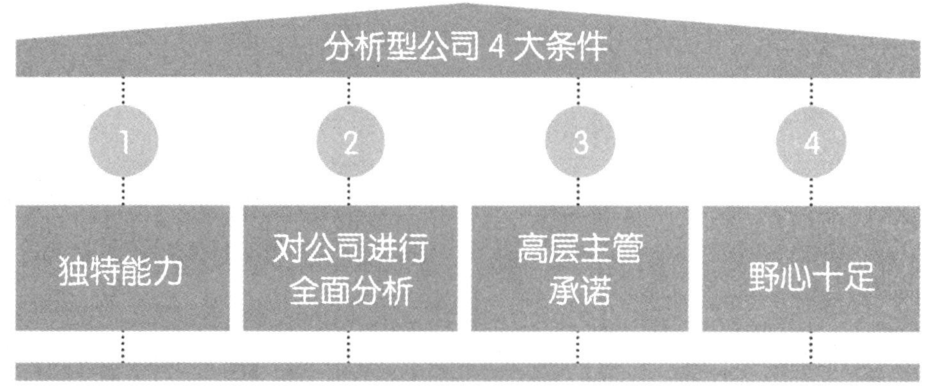

（1）独特能力——视产业各不相同。一些分析型公司专心优化供应链，另一些则侧重客户管理和服务，还有的则以人力资源管理为重。分析型公司在专心执行关键任务时做得比其他公司更好。它们会特别注意一些指标，以确定经过一段时间后是否有进展。因此分析型公司常会在内部设定衡量成功的新标准。分析型公司对其活动有主要关注点，并有强烈的测试和学习欲望。

（2）对公司进行全面分析——而不只是委托给某个部门。会分析的公司不会只优化一部分业务而牺牲其他环节。资料的分析范围涵盖整家公司，每个人都可以据此做出正确决策，而非仅凭臆测。最有可能的情况是，公司所有已知资料都会集中存放在信息文件库中，供所有员工浏览。这样一套资料库可以避免因使用个别部门资料所造成的错误。

同样，拥有同一资料库意味着每个人在观察各种指标时，会得出共识。有些公司让技术团队管理资料库，协助各运营部门安装必要的软件，使各部门能据此资料做出决策。有些公司则设立独立的商务信息中心。那通常是一个常设的跨部门团队，负责对整个公司推动商业信息的高效运用。不论哪种方法，公司都要全力把资料存取和分析能力扩展到全公司，并且开放给所有员工使用。

（3）高层主管承诺——CEO 要对此买单。采用分析法必须改变公司的文化、流程、行为和偏好技能，这由 CEO 由上而下推行。除非 CEO 愿意采用分析法，否则什么事情都不会发生，对员工、信息科技或搜集所需资料的投资也无法持续下去。在有能力成为真正的分析高手前，组织常常需要投资 5 年以上的时间，因此，CEO 的承诺必须是持续性的。

（4）野心十足——把公司的未来全部押在战略成功上。做过较多分析的决策往往显得十分激进，甚至会引发争议。而且建设必要的信息处理

设施花费不菲，这貌似是一场输赢不明的巨大赌注。不是每次推动分析的英勇尝试都能平稳进行并且成果丰硕，但是先期投入却必然大到足以影响组织的命运。因此使用分析法一定要带来大量丰厚的新营收、明显的获利以及市场占有率或客户忠诚度的提高。如果看不到任何实质影响，公司就不会真正靠分析决胜负。

尽管这 4 个条件缺一不可，但你仍旧必须了解，高层主管的承诺才是最重要的，因为唯有如此才能促成其他 3 个条件。历史悠久的公司常常在新 CEO 上任后变得注重分析，同样，具有较强分析取向的领导人所成立的新创公司成为分析型组织的可能性也较高。

既然这 4 大条件是分析的标志，那么你就可以通过各个条件的强弱来评估一家公司，并以此为基础，指出该公司处在分析竞赛中的哪一个阶段：

◎第 5 阶段——完全发展成熟的分析高手。

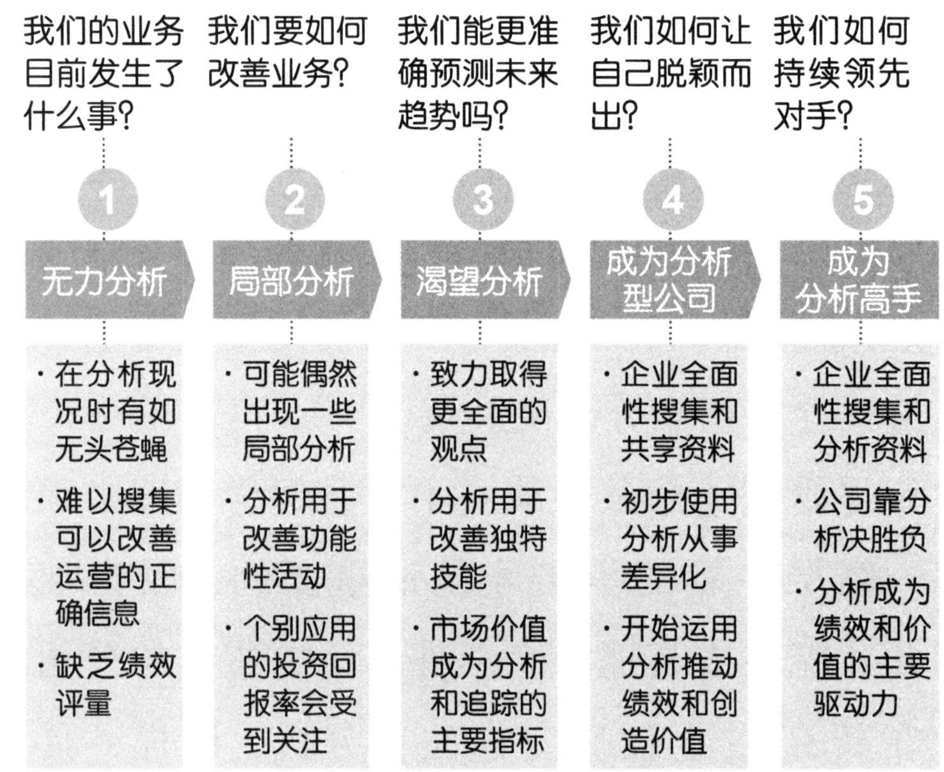

这些公司因为成功使用分析法而脱颖而出，总是将分析视为策略的关键要素。

◎第 4 阶段——一切就绪的分析型公司，但对于把分析当成竞争力缺乏热情的承诺。这些公司根本不重视分析。

◎第 3 阶段——对分析抱有希望的公司。它

们了解分析的价值，但缺乏必要的基础设施。这些公司对于如何进行分析还没有周密的蓝图。

◎第 2 阶段——这些公司内部偶尔做点小分析，但还没扩及整个公司。公司内有不同部门在做分析，但还没打算把它当成一种足以与人竞争的能力。

◎第 1 阶段——根本还没开始踏上成为分析高手之路的公司。它们甚至不明白客户和分析结果有何关联。

在分析竞赛获胜的第 5 阶段公司，在资料处理和分析能力上通常会有以下特点：

（1）别人很难复制——不只是复制技术或流程就没事了。以分析决胜负的公司，企业文化也同样习惯于分析。任何组织都很难有跟别家组织一样的企业文化。

（2）纳入某些独到之处——走向分析没有绝对正确的途径。事实上，所有成为分析高手的公司都有自己的调整方式，不同组织在不同情况下也都可能有导致行不通的特殊原因。

（3）适应性强——分析型组织未来能进军不同的行业。分析型公司常常把自己的商业模式应用于完全不同的行业，而且成效十分惊人。

（4）远胜过竞争对手可以做到的一切——分析型公司比其他人更懂得利用信息。分析高手拥有的技能和知识有着宽广的应用范围并且应用效果显著。

（5）日新月异——竞争优势会不断变动。分析型公司会不断创新、改进和重新投资未来。它们行动敏捷，求知若渴。在对手看到新利基市场时，分析型公司早已抢得先机并开始寻找下个机会。它们之所以能做到这点，靠的就是知道的东西比别人多。它们会不惜一切地持续开发可利用的全新见解。简而言之，分析型公司不会为过往成就得意太久。

一些成功的第5阶段分析型公司包括：

（1）Netflix——营收从1999年的500万美元

成长到2006年超过10亿美元的影片快递公司。Netflix给600多万名客户免费寄送光盘，并提供免费寄回的封套。客户可以保留光盘直到下次借片时再归还。Netflix以分析法来运作公司的电影推荐引擎，纳入10亿余则影评，并通过融合客户喜好来得出Netflix库存状况最佳建议。公司还利用分析保证给那些让公司获利最多的客户提供优先运送服务。

（2）第一资本银行——成立于20世纪80年代。当时两位金融业顾问发现，信用卡公司并没有把重点放在最具盈利价值的客户身上，而最具盈利价值的客户就是快速大笔借钱然后慢慢清偿的人。而当时信用卡行业却常常把每月全额付清者视为目标客户。

两位顾问想出信用卡余额转移的概念，将负债者视为有价值的客户。第一资本公司开始对客户资料库进行上千次分析测试，并且每天针对个别目标客户进行数百次实验。这种边测试边学习的方式使第一资本的股票价值在10年内成长了10倍——成长速度大约是最强竞争对手的2～4倍。第一资本公司之所以能发展成全球500强之一，凭借的就是它的分析能力能够持续领先同业，并且维持竞争优势。

（3）万豪国际酒店集团——一家全球性酒店和度假管理公司。该集团靠分析来处理公司的营收管理业务。酒店致力于预测最理想的房价。如果酒店能成功地在最高房价时保持客满，那么它所赚到的钱就会比因房价过高而导致乏人问津或房价过低却毫无赚头好多了。

创办人约翰·威拉德·万豪过去曾经通过观察驶进停车场的车子来决定双人房的房价。今天，他则以更精密的资料分析来决定万豪客房、餐厅、餐饮服务和会场的收费。通过这种分析法，万豪2004年的年获利增长了8600万美元——相当于营收增长2%。

（4）前进保险公司——美国第一家提供网上

报价并与所有同业比较价格的汽车保险公司。前进的胜出之道在于擅长找到尚未开发的保险市场。例如，前进公司推出了TripSensor技术来评估车主的驾驶表现，然后向安全驾驶者提供更优惠的保险折扣。该公司一直不断地挖掘新的保险商机，并在其他同业都还不明白它在做什么时，提供服务给新利基客户。

（5）CEMEX——世界首屈一指的水泥大厂。由于水泥只要一装上卡车就会很快失效，因此运送延误的代价很大。CEMEX为公司的混凝土搅拌车配备了全球卫星定位器，这样公司随时可以知道车辆的确切位置。CEMEX还根据交通模式、劳动力供给以及其他因素来预测哪里会需要水泥。因此，CEMEX可以将大多数的交货运送确认时间从3小时减为20分钟，从而让公司可以对赶时间的建筑商多收点钱。CEMEX通过这种强大的表现牢牢抓住了客户。CEMEX从关注水泥的运送数量转而密切注意客户更重视的运送时间，并最终确定整个信息、物流和运送架构的方向，从而得以将减少交货时间锁定为目标，使公司实现蓬勃发展。

（6）波士顿客运——一家全球性陆地运输公司。波士顿客运利用车队优化流程，根据交通模式、气候等一系列因素，实时决定车辆的调度。靠着这种方式，波士顿客运车队的优化程度提高了20%。

关键思维

从产品管理一直到工程团队，我们聘请各类专家协助形成定量测试的企业文化。我们通常会同时进行数百个消费者实验。例如，现在我们正在尝试“Netflix放映室”，让顾客观看他们没看过的电影预告片。我们做了4个不同版本，并把2万个订户分成4组，此外另有一个完全不使用放映室的对照组。我们测量他们看预告片的时间、看完全片的比例、点了几部待选的片子以及最后真正完成订阅的比例。初步得到的数据颇为乐观。

——尼尔·亨特，Netflix 产品总监

组织要想以分析来参加竞争，就必须让整个大环境与之配合。企业资源规划系统、销售系统、网站以及其他资源，史无前例地创造了更多更好的交易资料。是软件让数据具有意义。

——托马斯·戴文坡　珍妮·哈瑞斯

二　如何成为更擅长分析的公司

成为分析高手的道路绝不轻松，因为必须整合到位的环节太多，无法一蹴而就。要拥有分析能力，就必须整合公司的应用软件、信息技术、资料库、作业流程、业务指标、奖励机制、专长、文化和高层主管的批准流程。而且要变得更擅长分析，还必须反复操作。

分析高手不会满足于过去的成就而不思进取。随着时间的流逝，你会获得更多诀窍和经验，并有新的见解和更好的商业模式。经验告诉我们，一般需要经过18~36个月的密集努力才能学会并善用分析法。幸运的是，随之而来的好处会使一切努力都变得非常值得。

变得更擅长分析的路线图如下：

分析竞赛5阶段

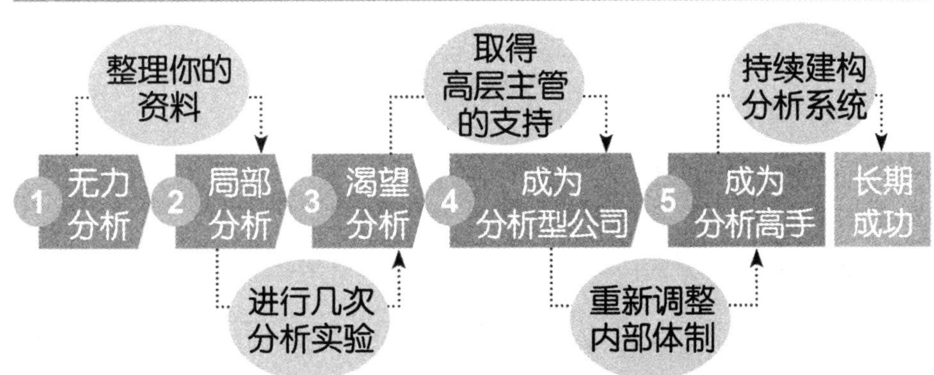

在这张路线图上，每当你要行进到下一个更善于分析的阶段时，你的组织就将面临人力、组织和技术的重大挑战。

1. 无力分析

整理你的资料——做好万全准备，以取得与业务相关的高品质资料。

组织	人力	技术
对市场、竞争对手和客户的见解有限	组织中没有人使用分析	公司里所有一切各自解读，没有系统整合

要摆脱这一阶段，首先必须改善和强化资料转换环境。要做出优秀决策，员工需要持续取得

广泛分布的高品质资料。高层主管还必须接受一个前提：必须根据事实而不是直觉来做决策。

此时，公司的各个部门可能处于不同的发展阶段。一些部门可能已经开始搜集和使用标准且整合的资料，另一些部门可能什么都还没有做。

从第1阶段进入第2阶段，必须：

（1）具体列出公司推动绩效的主力——推动商业模式和获利的因素，即那些能让你在市场上独树一帜的东西。

（2）选择一两个关注领域——并想清楚需要做出的重要决策。找出能让你做出有竞争力决策的信息。

（3）找到让分析得出的见解化为实际行动的方法——把所学付诸行动的实际做法。全公司一起讨论，让员工认同其中较好的决策，这会持续带来好结果。

（4）与高层主管讨论，看看是否要全力推展你的计划——还是先做些小规模实验，看看能带

来什么好处。推进进度，投入人力和财力，以此来打造组织的分析能力。

（5）搜集和提供员工未来需要的高品质资料——替未来的需求提供资源。即使你过去从来没有存储过资料，现在开始建立资料库也不晚。

2. 局部分析

进行几次分析实验，并记录其创造的附加价值。

组织	人力	技术
现在有少数几个部门各自进行分析	因为有明显成效，员工逐渐开始关心分析	现在开始搜集资料，但仍然未经整合且缺乏有效组织

并非所有组织都必须经历这一阶段。如果高层主管已经下决心要在未来进行更多分析，就可以直接进入下一阶段。如果下定决心前需要先进行验证分析，这一阶段就有其必要。

在这一阶段，你可以进行一系列局部实验，取得证明分析有价值的证据。你尤其会想让你的经理们得到一些一手经验，最好能产生一些能带来实质商业利益的见解。在这一阶段获得的见解愈多，就愈能推动公司全面使用分析法。进行局部实验比做整个企业的实验省钱，因此该阶段对主管而言风险较小。

要进入下一阶段，需要保持简单并且缩小范围：

（1）找到一位赞助者——最好是有业务问题要解决的经理人，而且他的问题可以通过分析解决。告诉他做一次实验的花费不多，但一旦成功便会有合理的回报。

（2）执行小规模的局部项目——产出可衡量的成果并改善。务必确保你的项目管理人员在用一种有意义的方式创造价值。你要的是迅速成功，而不是产生长远或不着边际的结果。

（3）记录从实验中获得的好处——运用合情合理的指标。与参与项目的主要利益相关者分享好消息，并以文字记录下来。

（4）继续进行更多局部实验——直到组织获

得足够的经验，每个人都感到自在并且乐于扩大你的努力为止。如果你接连几次的实验都很成功并且做好了记录，那么高级管理阶层就会感兴趣。你的项目愈多，你的可信度就愈高，他们也就会愈乐于进行更大规模的变革计划。

3. 渴望分析

取得高层主管的支持和赞助，首次推出企业整体性项目。

组织	人力	技术
开始协调各个部门，提出分析得到的见解	多数员工明白分析可以带来竞争力	利用逐步扩大的资料库，扩增商业智慧

只要取得管理阶层的支持，就可以进入第3阶段了。管理阶层能非常迅速有效地推进你的努力。

在上阶段做的实验已经让几个部门培养出了分析专长。此阶段的挑战就是将这些专长扩大到企业层面。各个部门对于怎么做都会有自己的想法，因此彼此要做些退让和妥协。你要提醒大家此阶段的主要目标是寻找新方法，要通过分析支持公司开发自己的独特能力，解决策略性且意义深远的问题。

要让企业进入下一阶段，你必须：

（1）阐明你的愿景——具体说明公司可以得到的好处。必须具体说明整体业务的表现要如何提升。

（2）为公司清楚界定一套绩效指标——安排好流程以便监控进展。许多公司发现，最好的方式是成立企业能力中心以促进和支持分析活动。

（3）启动第一个大项目，运用分析强化公司的独特能力——向众人表明公司不会再因袭旧制。

（4）考虑是否在信息部门投入更多资源——体现你对分析竞赛的全新重视。信息人员必须与每个人合作，整合并且将搜集来的资料予以标准化，因此务必确保他们有足够资源来完成这件事。

（5）为最佳客户测试一些新的分析性服

务——将此视为未来运作方式的小测试。先针对最有盈利价值的客户，提供能替他们增加价值的专门服务。当这些客户获得具体好处后，再看看如何将这些措施扩大到更多客户。

4. 成为分析型公司

重新调整内部主要体制，利用分析作业流程建立事实导向的文化。

组织	人力	技术
分析已经融入所有作业流程	根据事实做决策已被广泛理解，员工也正在发展分析技能	现在有了高品质的资料，正准备在公司全面推行

此阶段的重点是为整个公司打造世界一流的分析能力。到了这个阶段，对分析的支持应该更为广泛，而不再集中于少数几个有愿景的人。企业已经开始强调实验和分析，而不再凭直觉来做决策。公司应该努力发现新见解和机会，而且将打造分析能力视为公司优先要务，因而进入痛苦的阵痛期。

要进入下一阶段，你必须：

（1）留意企业文化和组织变革的进展——防止守旧派和新分析取向派发生对立。否则，门户之见将破坏你想达成的目标。

（2）把高层主管对分析的支持扩展到整个管理团队——如果参与的只有一两个人，就必有麻烦在前头。尽一切可能让大家达成共识。

（3）在分析中持续融入更多业务流程——让利用分析数据采取行动的能力更为精进。

（4）寻找各种方法让决策流程自动化——以对客户和市场的了解为依据。

（5）重新调整资料分析师和信息人员——把最高级的分析师集合成一组，专心处理关键的策略性问题。要培养足够的高技术人才，让他们处理组织面临的关键挑战。这不仅是让他们做有意义的工作，而且也可以带给他们更大的工作满意度和脱颖而出的机会。

（6）致力于培养世界一流的分析能力——让你的公司明显达到差异化。把分析纳入你最重要

的业务流程。持续寻求实现重大改进和强化的新方法。

5. 成为分析高手

持续建构分析系统，以便将来产生创新而深刻的见解。

组织	人力	技术
现在可以从全面整合的分析中获得深刻的策略性见解	事实导向的文化以及测试、学习新观念获得广泛支持	整个企业的商业智慧架构成型

到此阶段，分析已经从信息部门的业务转为公司获得竞争优势的关键能力。你的企业将有自己的指标、分析、流程和资料，它们一起形成隔绝竞争对手的强大屏障。

高层主管对分析的决心和热情已经感染了全公司。分析在公司思考中的重要性，在年报以及投资分析员的讨论中已清楚体现出来。此时你已经妥善打造了内部的绩效指标和作业流程。

这个阶段的主要挑战是避免自满。外部环境变化不会停止，你必须不断建构内部流程以便监控外部环境，跟上不断发生的变化。有时你还得修改你的假设、分析模型和运作规则，并在必要时做出大幅改变。

企业领袖一度颇为自己能凭直觉做出决定并获得竞争优势而自豪，其企业的竞争优势也是凭借更好的产品或优于同业的高效供应链而取得。但这些日子都已成过去。

如今的竞争优势是要比对手更会思考，所以组织必须善于使用分析法——利用精密资料分析做出模型，然后准确预测顾客未来想要什么。愈来愈多成果斐然的公司采用此法，因为它们拥有世界一流的信息处理能力。它们能够根据事实做出更好的决策，而不是靠臆测或直觉。

要获得长期成功，你必须：

（1）永不停止检视你的策略和业务流程，寻找新的分析优势。

（2）重视人力和技术。在人力方面，让每个人尽量测试更多不同的点子，看看可以做到什么。

在技术方面，看看能不能借助外聘或者国外专家的意见，补齐并加强内部的分析资源。

（3）持续寻找能系统地储存企业系统、销售系统和网站所产生资料的方法。当你的分析能力变得更成熟后，这些资料将是无价之宝。

（4）永不停止寻找超越竞争对手的新方式。找出你的最佳客户，确确实实收取他们愿意支付的价格，提供出色的服务。拥有超高效的供应链，吸引优秀人才并给予优渥报酬。总之，你要不断提高竞争门槛。

关键思维

运用分析法，指的是广泛使用资料、统计、定量分析、解释、预测模型以及事实导向的管理，做出决策和行动。分析可以成为人们决策的参考或帮助形成全自动决策。分析是商业智慧的一部分：由一套技术和流程组成，运用资料了解和分析企业绩效。商业智慧包括资料的存取、报告以及分析。每种方法都可以解决一系列企业商业活动的问题。分析可以解答的问题则是“光谱”中价值较高且更具前瞻性的一端。

——托马斯·戴文波　珍妮·哈瑞斯